Kのロジック

錦織圭と本田圭佑
世界で勝てる人の共通思考

児玉光雄
Mitsuo Kodama

PHP

はじめに

この本があなたの運命を決定的に変えるかもしれない。

過去20年以上にわたり、私はスポーツ心理学の観点からチャンピオンやトップアスリートの心理・行動パターンを分析してきた。私がスポーツ心理学の道に入るきっかけは、世界的なスポーツ心理学の権威ジム・レーヤー博士と巡り会ったことにある。当時、私はプロテニスコーチとしてテニス愛好家やトップジュニアの指導を行なっていた。

当時すでに私はスポーツ心理学に興味を持ち、独学でチャンピオンやトップアスリートの心理・行動パターンの分析を始めていた。その頃、アメリカにおける著名なスポーツ心理学者の一人であるジム・レーヤー博士のフロリダにあるセンターを訪れたことが私の運命を決定的に変えてしまった。

なぜなら、そこで彼が私の目の前で、当時の世界ナンバー1プロテニスプレーヤーだったジミー・コナーズ選手のメンタルカウンセリングをしてくれたからだ。その日のことである、私がこの仕事をライフワークにしようと決めたのは……。

私はジム・レーヤー博士を日本に招いて通訳を務めたりして、彼の理論を日本のコーチに普及する一翼を担った。今でも私は、彼の理論に最も習熟している学者であると自任している。

それ以降、私はもっぱらチャンピオンやトップアスリートの心理・行動パターンの研究に没頭して数多くのアスリートの本を上梓してきた。

最近、最も注目されている日本人のアスリートは本田圭佑と錦織圭で間違いないだろう。

2013年12月11日、本田のイタリアセリエA・ACミランへの完全移籍が正式発表された。契約期間は3年半、背番号は自ら希望した「10番」に決まった。そして2014年1月13日、彼はセリエA第19節サッスオーロ戦で途中出場し、セリエAデビューを果たす。そして、1月16日、初の先発出場となったコッパ・イタリアでのスペツィア（セリエB）戦で、移籍後初得点を決める。

2014～15年シーズンは苦しいシーズンであったものの、ほぼすべての試合で先発出場し、5月9日の対ローマ戦では2アシストをマーク。調子も徐々に上がっている。

一方、2014年の錦織のハイライトは、全米オープンで間違いないだろう。彼は準決勝でみごと世界ランク1位のノバク・ジョコビッチを破って決勝に進出。残念ながら決勝ではマリン・チリッチに敗れたが、男子シングルスにおいて日本のテニス史上初のグランドスラム準優勝を成し遂げた。

そして2015年全仏オープンでは、準々決勝でツォンガにフルセットで敗れたものの、トップ8以内の座をしっかりと固めている。

本書は、これら二人の圭（K）の言葉や行動を取り上げながら、世界で通用する一流の人間になるための成功法則を探ったものである。

本田は現在何で評価されているか？　それはサッカーでしかない。それでは錦織はどうだろう。彼はテニスによってのみ評価されている。本田からサッカーを取り除けば、私たちとまったく違わない普通の日本人である。あるいは錦織からテニスを除けば、やはり平均的な日本人でしかない。

これは即あなたにも通用する。もしもあなたが学生なら、あなたの最大の得意科目は何だろう？　もしもあなたがビジネスパーソンなら、仕事上で誇れる最大の武器は何だろう？　このことについて真剣に考えてみよう。こと仕事に関する限り、あなたは本田や錦織以上でも以下でもない。同等であるべきなのだ。

自分の特技について四六時中考え続けよう。それだけでなく、本田や錦織のように、人生を懸けてあなたの最大の特技と格闘しながら、それをさらにレベルアップする新しい行動を今日からスタートさせよう。

あなたの名前は「ブランド」でなければならない。「ブランド」とは、その名前を聞いただけで彼らが何をしている人間かが瞬時に理解できること。もちろん、「本田」や「錦織」はすでにブランドになっている。

この過酷な競争社会では、あなたの2番目の特技はまったく評価されない。評価されるのは最大の特技だけ。このことを肝に銘じよう。

私の大好きなイチローの言葉がここにある。

「妥協をたくさんしてきたし、自分に負けたこともいっぱいあります。ただ、野球に関しては、それがないというだけで」

少なくとも一番の武器を磨くために、徹底して妥協を排除するために自分をもっと追い込んでみよう。逃げ場のない状況をつくることによって、初めて私たちは馬鹿力を発揮できるようになる。

2015年6月

児玉光雄

Kのロジック【目次】

第2章◉あなたの潜在能力を目一杯発揮させる秘訣

第3章◉チャンピオンのモチベーションを学んで仕事に活かす

第6章◉最善主義を貫いていると、好運が飛び込んでくる

第7章◉執着力を身につければ、あなたにゾーンが訪れる

装丁――赤谷直宣

第1章

あなたの最大の武器を磨き続けよう

あなたの一番の得意技はなんですか?

私の大好きな話がここにある。二人の大工が丸太を切る競争をするために同じのこぎりが与えられた。制限時間は1時間。もちろん二人の大工の丸太を切る現在の力量はまったく同等である。

まず大工Aである。彼は「スタート!」と同時に丸太を切り始めた。そして1時間かけて4本の丸太を切ることができた。一方、大工Bは最初の20分間丸太を切る作業ではなく別の作業を行なった。そして20分後、おもむろに丸太を切り始め、残り40分で8本の丸太を切ることができたのである。

それでは大工Bは、最初の20分間何をしていたのだろう? 彼はのこぎりの歯を研《と》いでいたのである。

この話は私たちに、「目の前の仕事を漫然とするのではなく、自分の技に磨きをかけることにたっぷり時間をかけることの大切さ」をわかりやすく教えてくれる。

2014年のシーズンを締めくくるATP（男子プロテニス協会）ワールドツアー・ファイナルズから帰国した後、あるインタビューで「1年を漢字一文字で表わすなら？」という質問に、錦織は、「変化の『変』。変わることを目標にやっていたので」と答えた。

2014年の錦織の大躍進の技術面での大きな要因は、相手の打った甘いボールを見逃すことなく、積極的にウィナーにしていく積極性であると私は考える。今までただ返球していただけの甘いボールを見逃さないスキルが身についたから、トップ10と互角以上の戦いができるようになったのである。

もちろん、その変化はマイケル・チャンコーチの指摘があったことも無視できない。チャンコーチはことあるごとに錦織に、「トップ選手は、なかなか浅いボールを打ってくれない。その数少ない浅いボールをしっかり打ち込んでいけないとダメだ」（雑誌『Number』2015年1月22日号より）と語りかけたという。

このことにより、少なくともラリー戦になれば、長期間プロテニス界をリードしてきたジョコビッチ、フェデラーなどのトッププレーヤーにもまったくひけをとらない。

「自分の武器はこれしかない！」とこだわり続けて猛練習を積み重ねたから、錦織の才能の花が開いたのだ。自分の最大の武器を徹底して磨き続けよう。それこそ一流への近道である。

本田や錦織は、キャリアを通してただ漫然とプレーするのでなく、他のプレーヤーよりも自分の技を磨くことに頭と身体を目一杯使って格闘し続けたから、一流人に登り詰めたのである。

目の前に仕事があることに感謝して、自分の最大の得意技を磨き上げる。あなたはこのことを片時も忘れてはならない。

このことに関して、アメリカを代表する能力開発のエキスパートであるジョフ・コルヴァンはこう語っている。

「究極の鍛錬は苦しくつらい。しかし効果がある。究極の鍛錬を積めば、パフォーマンスが高まり、死ぬほど繰り返せば偉業につながる」

本田のゴールキックのスキルに相当するあなたの技は何だろう？　あるいは、錦織の「エアーケイ（ジャンプしてヒットするフォアハンドストローク）」のスキルをあなたの仕事にあてはめたら何になるだろう？

こんなことを考えながら、ただひたすら仕事上の技を磨き上げよう。それがあなたを間違いなく一流人の仲間入りをさせてくれる。

「量」はあるとき「質」に転化する

21世紀になって、ますます才能ある人間への富や名誉の集中が加速されている。不公平感が強まることへの懸念が存在したとしても、この傾向はますます加速されるだろう。

たとえば、2014年11月に発表されたテニスの賞金獲得額において、ランキングで第1位のジョコビッチの賞金獲得額は、約16億6000万円。錦織のそれは第6位で約5億2000万円。

このように、テニスにおけるトップ10選手の賞金獲得額は、あらゆるスポーツの中でも突出している。もちろん、これはビジネスの世界でもまったく同様である。世界一流のアスリートのみならず、腕のよい外科医やパイロットのような、簡単に置き換えのきかない人間は引っ張りだこなのだ。

昨今ビジネス界の競争は急速に世界基準になりつつあり、一部の優良企業だけが莫大な利益を独占できる傾向が加速している。

スポーツ界においても、競争は一時代前よりも明らかに激化している。今から100年前の記録と比べてみると一目瞭然である。たとえば、1908年のオリンピックの200メートルの男子の記録は22・6秒である。2014年度のインターハイ優勝者の記録が21・08秒であるから1・5秒も速いことになる。

100年という人類の歴史の中での瞬きにも満たない短期間においては、人間の遺伝子にはまったく相違は見当たらない。確かに道具やスポーツ科学の発達は1世紀前よりも記録の短縮に貢献してくれたかもしれない。しかし、競争の厳しさこそ、これまでのスポーツ界の記録短縮を実現してきた最大の要素であることは間違いない。

これはあくまでも私の推論であるが、1世紀前のアスリートと現在のアスリートでは、練習量がまるで違うことが成績の違いを生み出していると、私は考えている。きわめて単純なことであるが、単純に物理的な鍛練の時間を費やせば着実にスキルは高まるのだ。

つまり、才能を磨くために圧倒的な量を稼がないことには、決して一流へ

の門は開かないのだ。

スポーツの歴史に名を残すチャンピオンやトップアスリートの共通点は、彼らは才能だけでなく血の滲《にじ》むような鍛錬のすえに頂点に登り詰めたという事実である。その証拠に、その分野の才能に恵まれながら、努力を怠ったがために私たちの知らない間に誰にも知られることなく表舞台から消えていった選手は枚挙に暇《いとま》がない。

逆に、量さえ稼げば、あなたにその才能が少々欠けていても、その分野の一流人になれるということだ。たぶんあなたは、チャンピオンやトップアスリートがその道の類《たぐい》まれなる才能に恵まれていたから頂点に登り詰められたと考えているだろう。

しかし、それは半分正しいが半分は間違っている。確かに彼らにその分野の才能がなかったら、とうていその分野の頂点にはたどり着けない。しかし、才能だけでその道の達人になることなんてまったく不可能なのである。

逆に少々才能が欠けていても、量さえ稼げばナンバー1になれなくても、その道の達人の仲間入りができる。この「量質転化」こそ、本田や錦織を一流のアスリートに仕立てた王道なのである。これは、「量を稼ぐことによりそれが質に変わる」という意味の言葉である。言い換えれば、量を稼がないことには質は高まらないということだ。

スポーツ界のみならずビジネス界においてもその仕事を通して技を磨くための圧倒的な量を稼がないことには、まったく話にならない。雑誌のインタビューで錦織はこう語っている。

「テニスをすることに生きている理由があり、そこから快感が生まれてくる」※①

錦織にとっては、ただひたすら時間という貴重な資源を最大の得意技を究めることに注ぎ込んでいる瞬間こそ至福の時間。そういう境地に到達して、私たちは初めて一人前なのである。

「量質転化の法則」は私の人生の中にも生きている。私はこれまで200冊以上の本を刊行し、800回以上の講演をこなしてきた。これはよく驚かれることなのであるが、私は現在67歳であるが、20年前の47歳のときに、私はそれまでたった3冊の本しか刊行していなかったし、講演にいたってはほとんど皆無だった。

１９９５年の正月、私は日誌に、「毎年10冊本を執筆する」という目標を掲げた。最初の３年間はさんざんなものであった。企画書を数多くの出版社に提出しても断られることの連続で、95年から97年までの３年間でたった７冊の本しか刊行できなかった。

しかし、私は断固としてこの目標を持ち続けて努力を尽くした。その結果、翌年の98年だけで６冊の本を刊行することができた。それ以降は着実に年間10冊以上の目標をクリアしていった。

特にイチロー選手関連の私の本は彼の活躍によりベストセラーとなり、順調に出版社から依頼が舞い込むようになった。信念を曲げることなく、目の前の仕事にとにかく一心不乱にのめり込めば、必ずよい知らせが飛び込むことを私は身をもって経験したのだ。

錦織が好きな言葉のひとつに「一生燃焼」がある。これは相田みつをの「一生燃焼　一生感動　一生不悟」から引用した言葉である。人間一生燃え続け、一生感動し続け、一生悟らず勉強し続けることが大事なのである。

「好き」と「得意」は違う

天職とは何だろう? 本田はサッカーという天職を見つけることができたから偉大なプロサッカー選手の仲間入りができた。固有の競技種目に向き不向きがあるのは厳然たる事実である。

ある特定の競技種目に対する先天的適性は明らかに存在する。錦織は小さい頃サッカーをしたことがあるというが、彼が一流のプロサッカー選手になれたかどうかは、はなはだ疑問である。

もちろん本田がテニスを小さい頃に選択したなら、彼の運動神経をもってすれば全日本レベルのプレーヤーになっていたかもしれないが、現在の錦織のランクにまで到達することはほとんど不可能であると私は考えている。

本田が司《つかさ》さんという父親に育てられたから現在の彼があると、私は考えている。小さい頃に両親が離婚し、司さんに育てられた本田は彼のアドバイスに大きく影響を受けている。

本田がサッカーを始めたのは、小学2年生のときである。小学5年生の兄・弘幸さんと一緒に「おれらサッカーやりたいんや！」と司さんに打ち明ける。司さんは二つ返事でこの申し出を承諾したという。そのことについて彼はこう語っている。

「うちは、今でもそうですけど、すべて本人らが自分で決めてます。僕は後ろから、こうちゃうか、ああちゃうかと、やるんやったら、お前が決めろと言う、それだけの話です」※②

本田が小さい頃、司さんはほとんど彼のゲームを観戦したことはない。練習場と自宅の送迎は快く引き受けたが、試合をほとんど観戦することなく車の中で待機していたという。ここにも、自分のことは自分で責任を持って決める本田家の哲学が貫かれていた。

司さんは「どんなことでも1番にならんとアカン。2番はビリと一緒や」という内容のことを繰り返し二人の息子に説き続けた。あるとき、サッカーのキャリアがない父親から懇々と理想論を吹っかけられて、本田は「お父さんだって、でけへんやん」と反論したという。しかし、司さんのほうも決して黙っていない。本田に向かってこう言い放ったという。

「お前の目標は俺なんか？　もしそうやったら、練習なんかせんでも今すぐなれるよ。でもお前の目標はもっと上にあるんやろ」※②

そんな父親について本田はこう語っている。

「そこはオヤジの教育の才能だと思うんです。じっさいオヤジが怠けようが、自分のことを棚に上げようが、どうでもいいことなんです。俺がプロになりたくて、俺が一流になりたいってだけの話ですから」※②

「好き」と「得意」というのも違う。いくらサッカーが好きでも、プロになれない人間のほうが圧倒的に多い。あるいはたとえ先天的にサッカーに向いていても、本人にやる気がなければ一流にはまったくなり得ない。

「好き」と「得意」が重なって、初めて私たちは一流になるためのスタートを切ることができる。もちろんそれだけでなく、そのうえに血の滲むような10年以上の鍛練が積み上げられて、初めて一流のアスリートへの道が拓ける。しかし、それだけで一流になる保証があるわけではない。

少なくともプロスポーツ選手として生計を立てるのは、はなはだ困難である。たとえ得意であっても、「仕事」と「趣味」をしっかり区別しよう。まず趣味についていえば、私は「下手でもいいから好きでやるもの」と定義している。

一方、仕事は得意なものでなければならない。それに加えて趣味と同じように仕事を好きでやれるなら、あなたは幸せな人生を歩むことができる。

しかし、趣味と違って目の前の作業はたいていほとんど自分で選択できない。それが作業を楽しくないものにしている。もしもあなたが楽しくない仕事を担当していても、モチベーションを落とすことなく頑張れるのなら、たぶんそれはその仕事の成果に見合う報酬があるからかもしれない。しかし、そんな気持ちで仕事を続けていると、いずれ燃え尽き症候群になるのは目に見えている。

もちろんそういう人は得意な技を武器にして、嫌いな仕事でも莫大な報酬を受け取るかしれない。しかし、報酬を受け取ることが大好きでも、仕事そのものが好きでないならこの人は真の幸福を手に入れることなどできない。

なかにはこう反論する人がいるかもしれない。「私は報酬を手に入れてぜいたくな人生を歩みたいから、嫌いな仕事でも我慢できる」。しかし、圧倒的に仕事に占める時間が自由時間よりも多い人たちにとっては、嫌いな仕事をしている時間が延々と続くわけだから、少なくとも仕事をしている間はどう考えても幸せになれるとは思えない。

努力とは自分の満足感を追求する作業である

ここで、楽しくない仕事をなんとしても楽しくする工夫が求められる。工夫次第で楽しくない作業も楽しくできるようになる。

そのヒントはどんな状況でも簡単に満足しないこと。ローラーの期待説（図表1参照）はそのことの大切さをわかりやすく私たちに教えてくれる。

心理学者E・E・ローラーは「私たちはなぜ努力を持続できるのか？」について4つのステップを構築した。

図表1▶ローラーの期待説

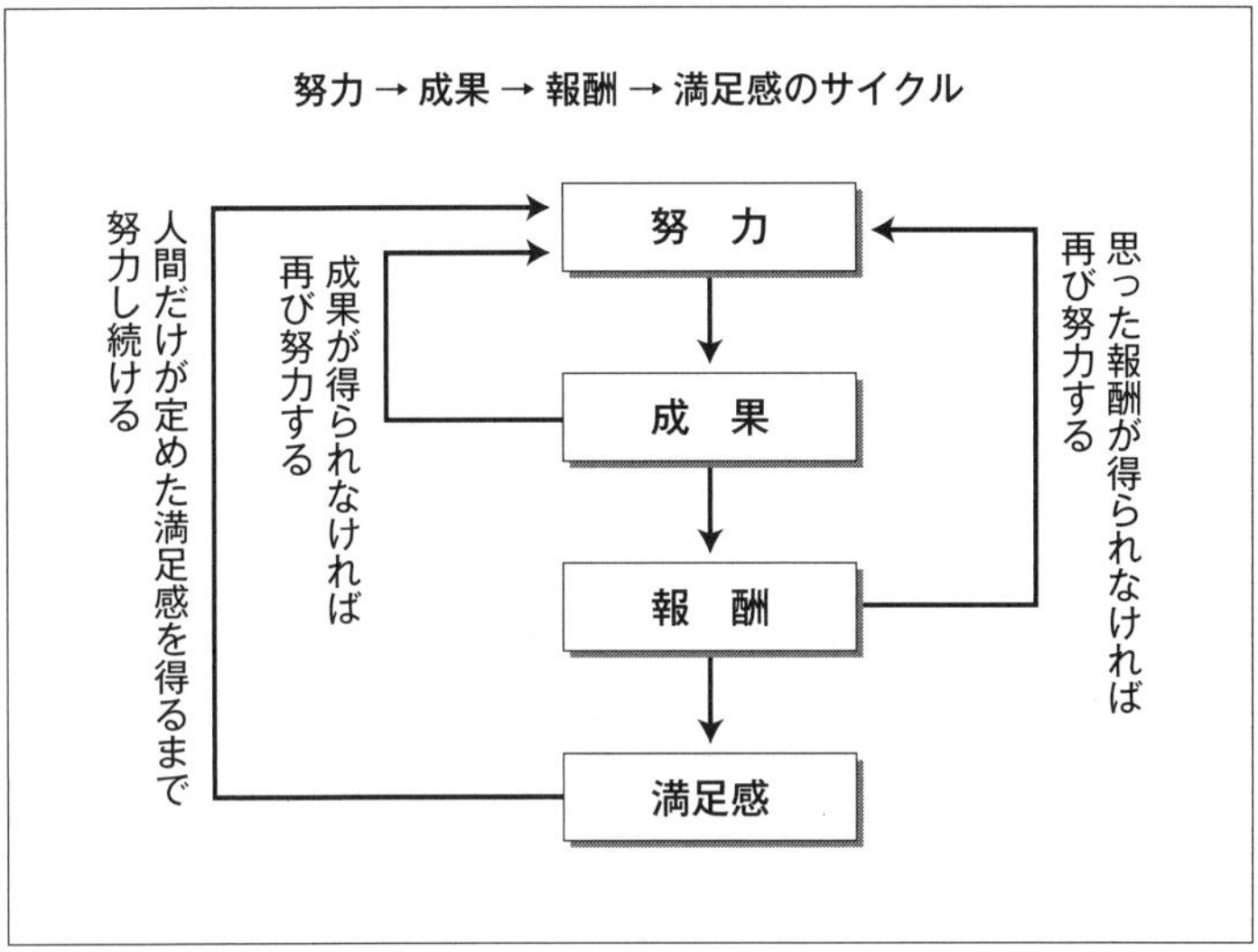

それらは「努力」、「成果」、「報酬」、そして「満足感」である。

まず、成果を獲得するために私たちは努力を維持できる。たとえ努力しても自分が望む成果が上がらなければ、再び努力に戻って新たなチャレンジをし続ける。そして期待する成果が得られたら私たちは報酬を期待する。もちろん、自分が望む報酬が得られるまで努力⇓成果⇓報酬のサイクルを回すことが求められる。

ここまでは人間だけでなく、チンパンジーやオットセイでもできる。すでに生涯かけても使いきれないほどの報酬を獲得しているはずの錦織や本田が、なぜいまだに必死になって努力を積み重ねられるのか？それはもはや「満足感」を得るためでしかない。つまり、自分を律して成長欲求を刺激し続ければ、私たちはこの世から別れを告げるまで仕事に飽きることはないのだ。

　そのことに関して、本田のこの言葉が参考になるだろう。

「自分の中にもう一人の自分がいるわけですよね。で、『お前、満足すんなよ』みたいな感じで、しっかりとお互いをコントロールしつつ、何が必要かを考えながら融合するんですね。それで一つにまとまる。その結果、『満足しちゃダメだ』ということにまとまるわけですよ。だから、一喜一憂する時間は、基本的に数秒しかない。すぐに強い自分が弱い自分をかき消してしまうんです。甘い自分を」※③

　たとえピンチ、ピンチの連続でも、仕事の中に新しい発見をしたなら、モチベーションを落とさず頑張れるはず。仕事というのは、自発的な作業だけで構成されているのではない。どんな仕事にも多かれ少なかれやらされ感が存在する。

自分のスタイルを貫いて仕事の井戸を掘り進めば、必ず仕事の中に新しい発見がある。それをやりがいにすれば、どんな仕事も面白くなる。このことについて、ハーバード大学教授の哲学者ジョシュア・ハルバースタム博士は、こう語っている。

「仕事は、それが自発的に、自分の意志で行なわれるとき、そして、仕事の進め方やその結果生み出されるものが、自分のスタイルや価値観を反映しているものとなるとき、そこに、喜びや満足感が生まれる」

なんとしても仕事を自発的に行なう工夫をしよう。そうすれば、あなたは幸福感を持ちながら仕事に没頭でき、結果的に驚くほど成果を上げられるようになる。

これからの時代は「指し手型人間」だけが生き残る

著名な心理学者ド・シャームは人間を2つに分類している。それらは、「駒型人間」と「指し手型人間」である。

将棋やチェスをイメージしてほしい。親や上司の指示するまま忠実に動く人間が「駒型人間」で、自らをプロデュースして自主的に行動できる人間を「指し手型人間」と呼ぶ。

確かに比較的キャリアの浅いメンバーで構成されたチームでは、リーダーが指示したことを忠実にやらせたほうが短期的にはプロジェクトはうまく機能する。ただし、このシステムではメンバーのモチベーションはさっぱり上がらないし、その結果として彼らは成長してくれない。

これからの時代は、すべてのメンバーが自分の仕事をプロデュースする「指し手型人間」で構成されなければならない。そういう意味では、司さんが物心がつく頃から徹底して本田を「指し手型人間」に育てたから、現在の本田があるともいえる。

もう一度繰り返そう。もしも、あなたが仕事を報酬の見返りとしてだけに意味を見出しているとしたら、決してあなたは幸福にはなれない。

どうせやらねばならない仕事なら、しぶしぶやる仕事ではなく自発的に楽しめる仕事に変えてみよう。それはあなたの仕事のとらえ方に尽きるのである。それでもどうしても仕事が好きになれないなら、敢えて現状を我慢することなく、私のように潔《いさぎよ》く辞めて転職すればよい。

錦織や本田がフィールド上で生き生きしているのは、仕事が大好きだからだ。彼らが獲得している莫大な報酬はそのご褒美にすぎない。

もっといえば、彼らは仕事が好きだから仕事にのめり込めて、その結果として莫大な報酬にありつけたのだ。スポーツ界は、ビジネス界よりも華やかである。サッカーのリオネル・メッシやテニスのロジャー・フェデラー、そしてゴルフのローリー・マキロイが、マスメディアで連日のように取り上げられる。

一方、ビジネス界では、大部分の人々が彼らのようなスーパーヒーローの報酬を獲得することは難しいし、インセンティブを獲得することもスポーツ界ほど極端ではないかもしれない。

あるいは、組織を革命的に変える大きな成果を上げたところで、あなたがオーナー社長でない限り、その見返りはスポーツ界に比べてきわめて小さい。

報酬を獲得するという理由だけで、嫌いな仕事でもあなたは黙々と働き続けることができるかもしれない。もちろんあなたが満足していればそれでいいのだが、その行為は、決して志が高いといえない。

もちろん、仕事は報酬を稼ぐための手段と割り切って考え、楽しみは余暇時間の趣味に求めるという考えも一見正当なように思える。しかし、それでは人生の中で主要、かつ膨大な時間を占める仕事時間のモチベーションは決して上がらない。当然、成果もそれほど期待できないから、あなたにとってだけでなく会社にとっても好ましいとはいえない。

そんなときには、あなたは転職の準備をしなければならない。もちろん、衝動的に転職することだけは慎まなければならない。それでは必ず後で後悔するハメになる。転職する前に、あなたにとって好きな仕事とはどんな仕事かについて真剣に考えてみよう。これはあなたの人生そのものにも大きな影響を与える。

「現在の自分の仕事は運命的なもの」と考えている人がいるかもしれない。しかし、ちょっと待ってほしい。あなたの仕事は決して運命的なものではない。あなた自身が自分で選択したものなのだ。

この本で一貫して強調しているように、たとえあなたがどんな仕事に就《つ》いていようと、あなたは日々仕事を通してあなたの得意技を磨かなければならない。このことに関して、本田の以下の言葉が参考になるだろう。

「自分は何のためにサッカーをしているのか、何のために成長しているのか、何のために生きているのか、その意味を探しているんです。理由はないんですよ、成長するということ自体には。（中略）こんなカッコいいことも言えないようじゃ。つらいことを我慢してサッカー選手を頑張る意味もないし、もうちょっと楽して今を生きたほうがいいし。でも5年後、出るかどうかわからない結果のために、今を頑張っているわけです」※③

あなたは本田がこれまでゴールキックの練習に費やした累積時間を把握しているだろうか？　あるいは錦織が1週間にどれくらいの時間をかけてサーブの練習をしているか知っているだろうか？

彼らはこれまで日々仕事を通して気の遠くなるような時間をかけて技を磨いてきた。それが彼らが現在のポジションを獲得した、ひょっとしたら唯一の要素になっている。

あなたもそれと同じように、仕事を通して代役のきかないレベルに到達するまで技を磨き続けなければならない。そうすれば、どんな仕事に就いていようと、あなたの仕事は面白くなる。それだけでなく、間違いなくあなたは自分の仕事が好きになる。

ハンディがあることに感謝しよう

テニスというゲームは、背の高いプレーヤーのほうがサーブ力で圧倒的に有利である。その証拠に、世界のトップ10のプレーヤーのほとんどは180センチ以上の選手で占められている。例外はフェレールと錦織の二人だけ。

ビッグサーバーのラオニッチとベルディヒは196センチだし、2014年全米オープン決勝戦で錦織を破ってみごとチャンピオンとなったチリッチにいたっては、198センチある。あるいは、サービス力の優れているイボ・カルロビッチは2メートル11センチの長身から時速156マイル（251キロ）のサーブを相手コートに打ち込んで、64試合で1185のサービスエースを奪い取っている。

2014年のATPのデータを見ても、1試合当たりのサービスエースの数の平均はラオニッチが16・5ポイントなのに比べ、錦織は4・3、フェレールにいたっては2・2にすぎない。

ことサーブの威力に関して、錦織は明らかにハンディを背負っている。しかし、このハンディこそが彼のストローク力を高めている大きな要素なのだ。ラリー戦になると錦織には勝てないという神話ができつつあるのも、彼のストローク力の凄《すご》さを表わしている。

そのストローク力がひいては彼の勝負強さにもつながっている。プレーヤーがお互いに1セットずつ取ってファイナルセットにもつれた試合の2014年の成績は、21勝3敗。なんと勝率87・5%。これは世界ナンバー1のジョコビッチを抑え、全選手中トップなのである。

いや2014年だけでなく、キャリアを通してファイナルセットの勝率69勝19敗で歴代1位なのである。もちろんトップ10の選手に対しても11勝7敗と勝ち越している。

ここから私たちが学ぶことは、ハンディに感謝してそれを補う力を身につけること。ハンディこそ私たちを一流の仲間入りさせてくれる原動力なのだ。

ハンディが錦織のストローク力のレベルアップに貢献していることは間違いない。あるとき錦織はこう語っている。

「僕には、ほかの選手にないスピードがある。プレースタイルに個性がある

のがテニスの魅力。背が低く、パワーがないと悔やんだことはない。日本人が戦う上で弱点と思うこともない」※④

身長の高い選手がサーブでエースを取るだけのゲームは何か味気ない。事実、男子のプロツアーの幹部には錦織ファンが多い。ＡＴＰ会長のクリス・カーモードは「アジアの次世代に勇気を与える存在。日本の枠を超えて世界的なスター選手になる」と絶賛する。あるいは、ＩＴＦ（国際テニス連盟）会長のフランチェスコ・リッチビッティは「私は彼のプレースタイルが大好きだ。見ていて飽きない」と賞賛の言葉を発している。柔よく剛を制す。２０１４年１月に開催された全豪オープンでも、錦織の試合はまるで日本国内でプレーしているような錯覚を覚えるほど、彼の応援が多かった。

彼の試合の傾向を分析すると、第１セットを落とすことが多いことがわかる。それは、相手のサーブの威力と無関係ではない。ビッグサーバーは最初のゲームから時速２３０キロのサーブを連続して入れてくる。だからサービスキープをする率が高くなり、錦織がセットを落とす確率も高くなる。

しかし第２セットになると疲労のためサーブの速度は徐々に落ちていく。当然エースの数も減少し、ゲームがラリー戦に持ち込まれる確率も高くなる。明らかに錦織に有利な展開になっていく。

「錦織と対戦するときは、最初の2セットでケリをつけなければ勝てない」という神話が選手の間で知れ渡っていることは、このデータによっても証明されている。

もしもあなたに仕事上のハンディがあるなら、そのことに感謝しよう。そのハンディを補う新しい能力を身につけるために努力を積み重ねよう。これこそ、チャンピオンが行なっている成功方程式なのである。

第2章

あなたの潜在能力を目一杯発揮させる秘訣

天賦の才能は存在するのか？

そもそも天賦の才能は存在するのだろうか？　もう20年以上前のこと、私はプロテニスコーチとして多くのジュニアを指導した経験があるが、一人ひとりのジュニアのテニスへの適応力は明らかに違った。

たとえば、初めてラケットを握って15分でボールを相手コートにうまく返球できた7歳の子どもがいるかと思えば、週に3回スクールに通って1カ月経ってもラケット面でボールを満足にとらえることのできなかった子どもも知っている。

もちろん、それはテニスだけにとどまらない。陸上競技で短距離が得意な子どももいれば、マラソンが得意な高校生もいる。その適性は筋肉の赤筋と白筋の比率で決定される。持久力を支える赤筋の比率が多い子どもは、マラソンには向いていても短距離には適さない。その反対もまた然りである。

このような事実からも、スポーツ適性というのは明らかに存在する。もちろん楽器演奏や歌唱だけでなく、学習科目においても適性が存在するのは明確な事実である。

しかし、ゲノム研究において、2万以上ある遺伝子の中からテニスをうまくプレーする遺伝子やサッカーボールをうまく蹴る遺伝子はいまだに発見されていない。しかもテニスやサッカーの歴史を振り返ってみても、職業としてのテニスやサッカーのプレーヤーの歴史はほんの数十年でしかない。

長い人類の歴史でたかだか数十年での遺伝子の変化は皆無であるという事実を考えれば、ロジャー・フェデラーが高校のテニス部員と比べてテニスの才能が遺伝子的に優れているという説明をつけることはほとんど不可能である。

もちろん、1世紀前の単なる娯楽でテニスやサッカーを楽しんでいた時代から、莫大な賞金を争うスポーツ界の環境が劇的に変化したことが、人間が本来保持していた潜在能力を開発したといえなくもない。

もしもあなたに子どもがいるなら、スポーツだけでなく勉強においても、その子どもの適性をしっかり判断してやろう。

野球の才能がないにもかかわらず、プロ野球選手になりたいと真剣に思っているなら、はっきりあきらめて趣味で野球を楽しむことを選択させよう。

もちろん、子どもがその種目や科目に興味を持っているかどうかをしっかりと把握することはいうまでもない。適性はほとんど変化することはないが、興味は変化する。いくらその競技種目や科目の適性があっても、肝心の興味がなければその道で一流になることは難しい。反対に、最初なじめなかった競技種目や科目でも、自分に適性があることを知ったとたんに興味を持ち出すことも珍しくない。

才能を山にたとえてみよう。適性はその人間の山の高さで表現できる。たとえば、錦織や本田の適性はエベレストである。あるいは、日本ではナンバー1だが世界で通用しないアスリートの適性は富士山。そして一般のスポーツ愛好家はたとえるなら1500メートルの山である。

そして鍛練の量が登山活動の量を示し、競技成績はその人間のいる高度によって決定される。適性のあるアスリートは登る山の高さも高いし、登山活動に関しても効率的に山を登っていける。

しかしだからといって、もしそのアスリートが鍛練を怠ったら、山の5合目に到達してもそれより上に登ろうとしない。一方、適性のないアスリートでも鍛練を積み重ねれば、たとえ低い山であっても頂上に到達でき、適性面で優れているアスリートを打ち負かすことも可能なのである。

しかし、１５００メートルの高さの山に登る人間が１５００メートル以上には行けないというのは、厳然たる事実なのである。つまり、残念ながらほとんどすべての人々にとって、オリンピックにおいて金メダルを獲得することは１００％不可能なのである。ただし、自分の限界にチャレンジして自分の山の頂上に到達することならできる。

自分にとっての適性をしっかりと冷静に判断して、どうせなら自分が頂上に到達できる最も高い山を見つけてその山に果敢に登る決意をすることこそ、人生を成功に導くヒントになる。

「結晶性知能」は半永久的に成長し続ける

あなたがもしもビジネスパーソンなら、プロスポーツ選手になることはほとんど不可能だが、あなたの得意な仕事の分野で一流の人材になることは、その気になればそれほど難しくはない。なぜなら、明らかにビジネス界のほうがスポーツ界よりも、適性に比べて鍛練の比率のほうが圧倒的に高いからだ。

単純な反復作業を馬鹿にしてはいけない。錦織は何万回、何十万回とフォアハンドのストロークを相手コートに返す練習を積み重ねたから、意図的にサイドラインのすぐ内側に安定してボールを打つことができる。

あるいは本田が安定してゴールの隅にサッカーボールを蹴り込めるのも、気の遠くなるような量の鍛練を積み重ねた賜物なのだ。

最近の脳科学の研究で、繰り返し反復作業をすれば、ミエリンという化学物質が神経細胞の周囲に生まれ、それが神経細胞をより高度な機能にさせてくれるという。それはスポーツや音楽の領域にとどまらず、ビジネス分野にも適用できるはずだ。

神経細胞に反復作業という同じ信号を送り続けることによりこの物質は生まれ、神経細胞のメカニズムを改善して、高度なパフォーマンスの発揮の一翼を担ってくれるのだ。

イチローは2015年のシーズン、ニューヨーク・ヤンキースからマイアミ・マーリンズに移籍した記者会見でこんなことを語っている。

「野球選手にとって40歳はとても重要なポイントになる年齢だ。人として成熟する前に（多くの選手が）現役を退かなくてはならないのはつらいこと。40歳を超えても現役でなければ分からないことがたくさんあると思う。今その哲学を持っていないが、この先も野球を続けていき、僕自身の中から生まれることを期待している」

彼はまだまだ成長できるという確信があるから、このような言葉を発することができる。知能は2種類に分類できる。「流動性知能」と「結晶性知能」である。単純な知識の記憶は流動性知能。それは、とても不安定で移ろいやすいもの。

一方、スポーツや芸術の技は結晶性知能。これは半永久的にその人間がこの世から別れを告げるまで成長し続ける。

長年の鍛練によって限界まで到達したように思えるイチローのバッティングの技も、まだまだ成長できるという手応えがあるから、彼は2015年のシーズンも本気でチャレンジし続けている。イチロー選手同様、私たちもこの気持ちを持てないことはないのだ。

確かに、究極まで自分の潜在能力を高める努力を積み重ねることは辛《つら》い作業である。しかし、その気になれば、私たちもそのことにチャレンジできる。あなたの脳内には、もう一人の凄い自分が存在して外に出ようとして必死にもがいている。あなたの知らない凄いもう一人の自分が脳内に存在することを信じて、その潜在能力を表に出す作業を積み重ねよう。

そうすれば、あなたは必ずその凄いもう一人の自分に巡り会うことができ、一流の仲間入りをすることができるようになる。

ゴールデンエージが一流アスリートをつくる

錦織がテニスを始めたのは5歳のとき。自宅近くの「グリーンテニススクール」に通い始めた。父親の清志さんがハワイ旅行のお土産としてジュニア用のラケットを買ってきたのがきっかけである。

実際、学生時代にテニスコーチをしたことのある清志さんと一緒に近所の松江総合運動公園で練習するようになる。

そして、幼稚園の年長組のとき、自宅から歩いて15分程度のところにあるグリーンテニススクールに通うことになる。当時、錦織を指導した柏井コーチは、「スクール最初から錦織はしっかりとラケットでボールをとらえていた」と語っている。いわゆる「球勘」があったのである。それからの錦織は着実に上達していき、小学校の上級生になると、年齢別で島根県を代表するプレーヤーに成長していた。

そして本格的にテニススクールに入学して、週3回のペースで通い続けることになる。小学5年では全国小学生テニス選手権に出場するも、4回戦で敗れてしまう。そして小学6年生になって迎えた全国選抜ジュニアテニス選手権で錦織はみごとに優勝。決勝は6－2、6－0の圧勝だった。

その準決勝と決勝の試合を見ていたのがあの松岡修造だった。彼の目に止まった錦織は「修造チャレンジ」のメンバーとして迎えられる。錦織のゲームを観戦した松岡は当時を思い出してこう語っている。

「全国選抜ジュニアで優勝した錦織圭を合宿メンバーに入れたいと思いました。圭は、背は高くなく、力もあまりない、目立たない。でも、試合には

勝っている。組み立てがうまくて、ポイントを取っている。想像力があって、ストロークもネットも、いろいろなプレーができた」※⑤

もはや小学生で錦織の相手になるプレーヤーはいなかった。2カ月後の全国小学生テニス選手権でも、決勝戦で6－2、6－1と快勝して名実ともに小学生ナンバー1に輝いた。そして翌月の全日本ジュニアテニス選手権12歳以下でも優勝し、史上5人目の全国制覇3冠を成し遂げた。それ以降も彼は、年齢別の国際大会で揉《も》まれながら着実に成長していった。

このように、錦織は、すでに少年時代から将来を嘱望されていたのだ。

実はゴールデンエージと呼ばれる時期がある。運動生理学者であるB・ブラウンは運動技能発達のピラミッドを作成している（図表2参照）。

個人的にばらつきはあるが、9歳～12歳にスポーツにおける脳神経系が爆発的に発達するのだ。習得したテクニックをポイント獲得に結びつける技の巧みさや器用さを私はコーディネーション能力と呼んでいるが、この時期にこの能力の習得が劇的に加速される。

世界に通用するトップアスリートがその競技種目を本格的に開始するのが大体8～10歳

図表2▶運動技能発達のピラミッド

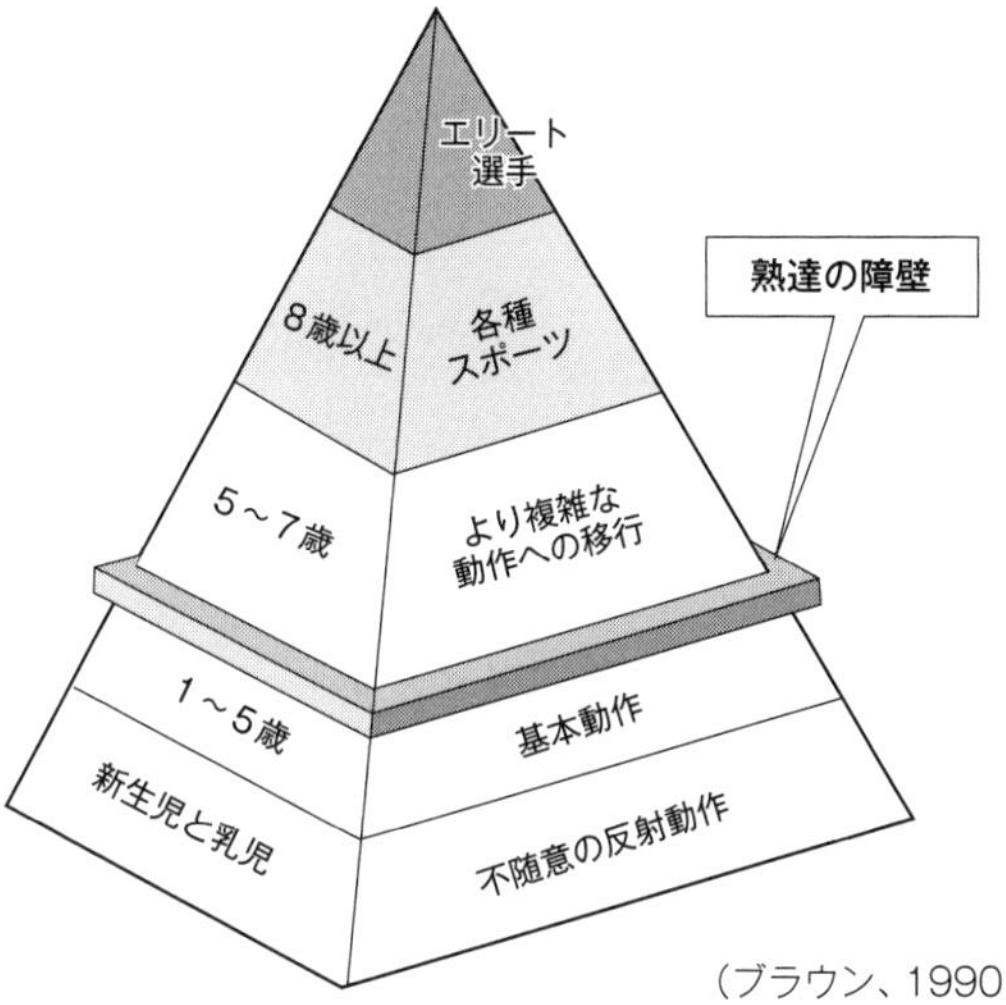

（ブラウン、1990を一部改変）

である事実からも、もしもあなたに子どもがいるなら、この時期を逃してはならない。なぜなら12歳を過ぎてからその競技種目の練習を本格的に始めるなら、ハンディを背負ってスタートすることになるからだ。

できることなら、5歳までに「意図的ではない不随意の反射動作」と「基本動作」に十分な時間をかけてほしい。この時期にそのことを怠ったら、それ以降の熟達を阻害する可能性が高い。そして5～7歳の時期に「より複雑な動作」に移行させ、小学校低学年では遊びの感覚でさまざまな競技種目を体験させ、9歳からその子どもの適性と興味を総合判断して専門種目を決定することが肝要なのだ。

もう一度繰り返そう。あなたの子どもを世界レベルのアスリートに仕立てたかったら、9歳から12歳のゴールデンエージを逃してはならない。

このことに関して、幼少期のスポーツについて研究を行なっている順天堂大学の東根明人氏はこう語っている。

「たとえばテニスでは、ヨーロッパ諸国ではキッズテニス（おもに10歳未満の子どもが行なうテニス）のメニューの中で、風船をラケットや手足を使って落とさないように維持し続ける動作を行ないます。あるいは、ラケットでボールをリフティングしながら障害物を避けて動く動作を行ないます。それが大人になったときの手に必要なタッチ感覚を養ってくれるのです」

錦織のラケットから絶妙のタッチ感覚で生み出されるドロップショットは小学生の頃に

身につけたスキルで間違いない。「鉄は熱いうちに打て！」はスポーツの世界でも生きている。

能力の違いを生み出すものは何か

もう少し子どもの才能論に触れてみよう。優秀なバイオリニストを多数輩出する西ベルリン大学のデータがある。

グループは3つに分けられた。国際的なソリスト（独奏者）として活躍する最高レベルのバイオリニストをAグループ、最高レベルのバイオリニストほどではないが大変優秀なバイオリニストをBグループ、そして学校の音楽の教師になっていたAグループやBグループの域に到達しないCグループ。3つのグループの年令層や性別は同じようになるように調整された。

そして彼らのキャリアを徹底的に調査した。まず3つのグループは調査時点で同じだけの時間を音楽活動に使っていた。平均時間は週51時間だった。次にそのうち一人で練習している時間を調査すると、AグループとBグループは週平均24時間だったのに、Cグループはたった9時間しか練習していなかった。

それではAグループとBグループの違いはどこにあっただろう。それは18歳になるまでの累積練習時間だった。最上位のAグループは平均7410時間であったのに比べ、中位のグループは平均5301時間だった。つまり最上位と中位の差異は若い頃の練習時間の違いにあった。


結局、大人になるまでの累積練習時間が超一流とそうでないバイオリニストの違いを生み出す大きな要因だったのである。


あるいは、長期間世界のゴルフツアーのチャンピオンに君臨したタイガー・ウッズのケースを振り返ってみると、彼がなぜ世界一になったかがよく理解できる。

タイガーはゴルフ愛好家だった父親のアール・ウッズから、生後7カ月のときにゴルフクラブを与えられた。タイガーが2歳になる頃には、すでに父親と一緒にゴルフコースを回っていたのだ。

その後4歳まで父親の指導を仰ぎ、それ以降はプロのインストラクターについて、8歳のときに初めて70台のスコアでラウンドしている。すでにこの時点で7年以上のキャリアがあったわけだ。英才教育において早く始めれば始めるほど有利であることは間違いない。「1万時間の理論」は、もはや多くの人々が知っている法則だろう。これは神経学者のダニエル・レヴィティンが唱えた理論である。一流のスキルを身につけるには、少なくとも1万時間を注ぎ込まねばならない。彼はそう主張した。

毎日1時間の割合で鍛練を重ねたとしても、30年かかる。しかし、毎日3時間研鑽を積み重ねたら10年。そして毎日8時間あなたの人生の時間をそのスキルを高めることに費やせば、5年以内に1万時間に到達する。

たぶん、錦織や本田の域に到達するには1万時間では少なすぎる。少なく見積もっても、彼らは20年以上その競技種目に人生の時間を費やしている。年間250日、1日6時間練習や試合に費やしていると仮定すると、累計時間は3万時間となる。最低1万時間で一流の仲間入りができ、3万時間で超一流の仲間入りができるのだ。

自分にとっての最大の武器を高めるために、人生の時間を徹底して注ぎ込む。これこそ一流人の仲間入りをする近道なのである。

逆境を乗り越えた人だけが一流になれる

チャンピオンといわれる人の「逆境耐性」こそ、私たちが学ぶべき要素である。チャンピオンも並のアスリート同様、逆境に見舞われる。ただし、並のアスリートはちょっとした逆境に見舞われただけで簡単にあきらめてしまう。極端な場合、自分の才能のなさを嘆くだけで行動しない。あるいは、「自分はこの分野に向いていない」と勘違いして簡単に努力することをやめてしまう。

図表3に錦織の世界ランクの推移を示す。錦織のテニスのキャリアにとって最大の試練は、2009年の肘の故障で間違いないだろう。この年の最初のトーナメントはオーストラリアのブリスベン。当時世界ランク20位のベルディヒに勝利したものの、肘の痛みを訴えて準々決勝ではマチューにストレートで敗退。

そして翌週のオークランドは1回戦で途中棄権。全豪オープンも1回戦敗退。その後、肘の痛みを抱えながら試合に出続けるも、3月のアメリカ・インディアンウェルズで開催されたワールドツアーマスターズ1000の1回戦で敗退。

図表3▶錦織選手の世界ランキング推移

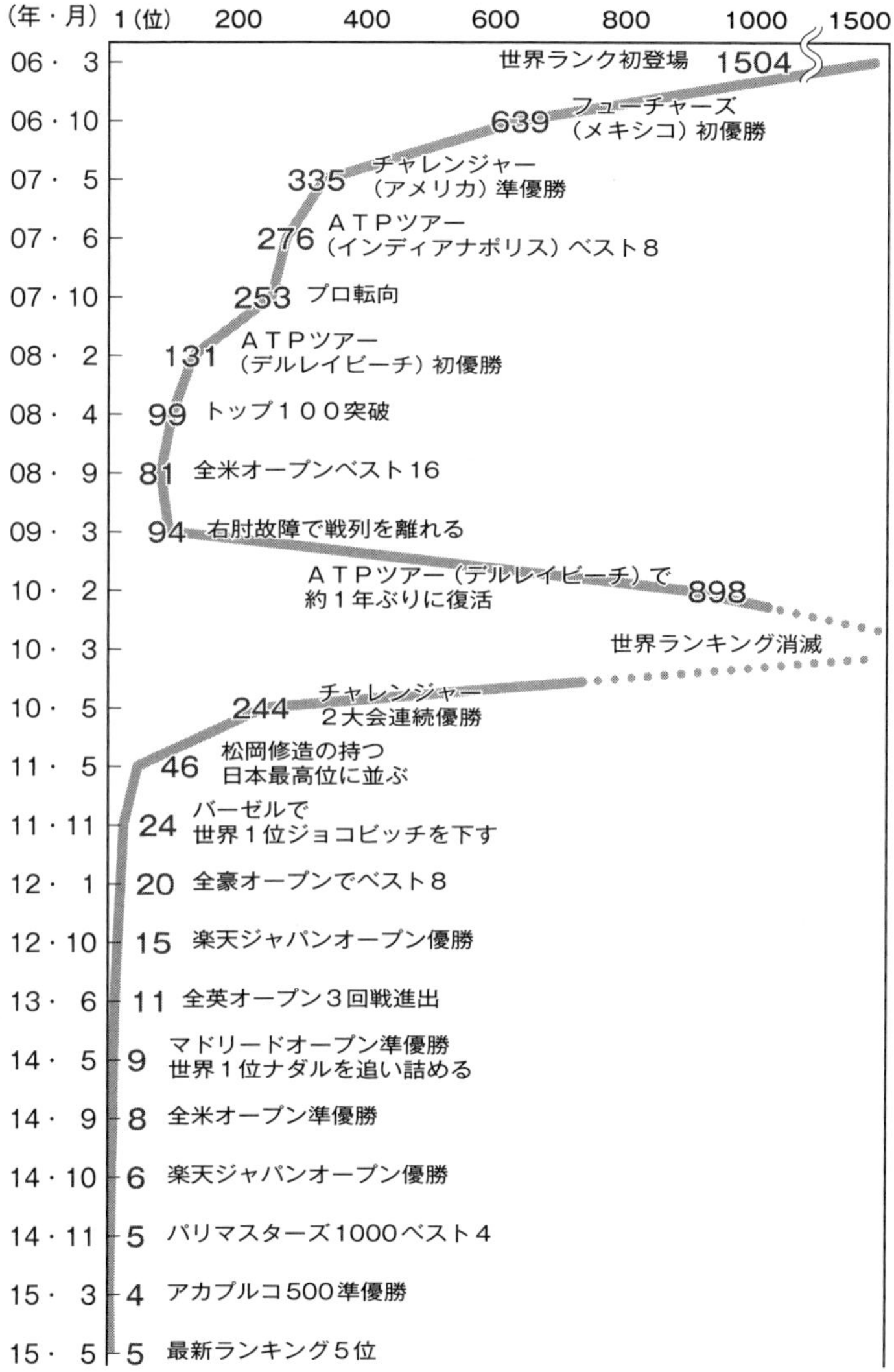

それ以降、2010年2月までの11カ月間、錦織はトーナメントから姿を消す。長いリハビリが始まった。ニューヨークでのMRI診断の結果は右肘の疲労骨折である。8月になっても痛みは引かず、日大病院で内視鏡検査を実施したところMRIでは発見できなかった肘関節の軟骨損傷と、それに伴う滑膜の炎症が認められたため、手術が行なわれた。

結局、それ以降2009年のシーズンを棒に振る。当時を思い出して錦織はこう語っている。

「2009年にケガをして僕の中から目標が一切消えた」※⑥

2010年2月にアメリカのデルレイビーチでのトーナメントに復帰したときには、世界ランクは898位まで下がっていた。それどころか、翌月にはすべてのポイントが消えて錦織のランキングは消滅してしまった。

しかし、その後チャレンジャー大会で2週連続優勝を遂げ、再び錦織の世界ランクは244位まで上昇。その後はゆっくりと、しかし着実にランキングは上昇していった。

右肘の故障によるほぼ1年間の空白期間。それが原因で世界ランクから消えて2年後の

２０１１年５月、錦織は当時の日本人男子の最高ランクだった松岡修造の46位に並ぶ。それ以降も堅実なプレーで世界ランクを上げていき、この年の11月には、スイスのバーゼルで開催されたトーナメント準決勝で世界ランク１位のジョコビッチに勝利。残念ながら決勝ではフェデラーに１－６、３－６で完敗したものの、ランクを24位まで上げた。

それからも錦織は着実に世界ランクを上げていき、２０１４年５月のワールドツアーマスターズ１０００マドリードオープン決勝では、ナダルを追い詰める。しかし、ファイナルセットの開始早々、腰の痛みでリタイアを余儀なくされる。それにもかかわらず、大会後世界ランク９位として初めてトップ10に入る。

この試合の後、ナダルのコーチである叔父のトニーは「この試合は我々が勝ったとはいえない」とコメントし、ナダルも、「彼はきっと、年末のＡＴＰツアーファイナルズのドアを叩いてくる新勢力となるだろう」とコメントした。

これからもわかるように、彼は故障という疫病神につきまとわれていても、へこたれることなく、たくましくその逆境をバネにして飛躍していった。

もしも彼が故障もなく順風満帆にきたとしたら、現在の世界ランクに到達

できなかったかもしれない。どん底でもあきらめなかったから、現在の錦織圭がある。

私は「ピンチノート」(図表4参照)を作成して多くのアスリートに活用してもらっている。もしもあなたがピンチに見舞われたら、そのピンチの状況をできるだけ具体的に書き込もう。そして肌身離さず持ち歩き、その解決策が脳裏に浮かび上がったら忘れないうちにこの用紙に記入しよう。

最後の「達成確率」の欄には、それがどの程度実行できたかを記入すればよい。そうすれば、あなたは錦織のように、短期間でピンチからみごとにカムバックできるようになる。

ピンチを楽しもう。そして、どん底まで落ちても決して挫折しないたくましさを持とう。どん底を体験した人間はたくましい。私たちが深刻になるようなピンチも、彼らにとっては取るに足りないものであり、高いレベルのモチベーションを維持してみごとにピンチを脱出してしまう。

図表4▶ピンチノート

あなたのピンチを見直そう

ピンチの状況	解決策	達成確率
1		%
2		%
3		%

ピンチとはエネルギーを蓄積している期間

あなたはジャンプするとき膝を曲げるだろう。膝を大きく曲げれば曲げるほど高く跳べる。これと同じように、ピンチの度合が大きければ大きいほどあなたは大きく飛躍できるのである。

つまり、ピンチとはジャンプする前の膝を曲げる動作を象徴しているのだ。ピンチこそ、その後に続くはずの飛躍のためのエネルギーを蓄積する作業なのである。

本田のキャリアを振り返ったとき、そこには数々のピンチが存在する。その象徴はガンバ大阪のジュニアユース時代で間違いない。そこでの家長昭博とのライバル争いは語り草になっている。

実は家長は本田と同じ日に生まれている。京都府長岡京市の長岡京サッカースポーツ少年団からガンバ大阪ジュニアユースに入団。ガンバ大阪ユースのエースとして活躍した。もちろん、日本代表チームのメンバーにも選ばれた日本を代表する選手であり、現在は大宮アルディージャのMFを務めている。

ジュニアユースではエースナンバーの「10」を付けていた家長がトップ下を任された。結局、本田はジュニアユースのリザーブメンバーでしかなく、ジュニアユースにおける最後の試合も本田がピッチに立つことはなかった。

ベンチを温めることが多かった本田は、当時のガンバ大阪ジュニアユースの監督だった島田貴裕に「なんで使ってくれないんですか？」と何度も聞いてきたという。そのとき、島田は、こう諭して本田を納得させたという。

「おまえなあ、拗《す》ねてて、なんかええことあんのか？　それやったら腐っとけや。でも、なんもいいことないやんか。やることは他にあるんとちゃうんか」※⑦

それ以来、「オレはガンバで腐ってない」という言葉を頻繁に口にするようになったという。この島田の言葉があったから、現在の本田がある。

あるいは、名古屋グランパスからオランダリーグに移籍した後の数年間も本田にとってはあまり思い出したくない時期であろう。本田がオランダリーグに移籍してわずか半年後に、彼の所属するVVVフェンロは2部に降格。この頃は日本代表チーム招集もなく、本田にとっては試練の日々であった。

この頃から本田はトップ下にこだわるようになり、着実にそのポジションを確立していく。そのこだわりが後々彼を一流のプロサッカー選手に仕立てていく。そのこだわりが、貪欲にゴールを追い求める姿勢を貫くメンタリティを生み出したといえる。

2008〜09年のシーズンには16得点13アシストを記録して、みごとにオランダ2部リーグのMVPを獲得する。そして迎えた2009〜10年のシーズンで、開幕から4試合連続でゴールネットを揺らした本田の評価はうなぎ登りに高まっていった。

事がうまくいかないときにも、めげずに自分のやるべきことをきっちりやり遂げる。そういう習慣を粘り強く持続すれば、突然あなたにもよい知らせが舞い込むようになる。

第3章

チャンピオンのモチベーションを学んで仕事に活かす

2種類のモチベーションがある

モチベーションこそ人生を成功に導く大きな要素である。錦織や本田はどんな状況でも、そのときどきに発揮できる最大限のモチベーションレベルを維持できたから、その分野の頂点に登り詰めることができた。

モチベーションを左右する要素をモチベーターと呼んでいる。モチベーターのひとつの分類法はそれが「内発的」か「外発的」かというもの。あなたの心の底から自然に湧き上がってくるモチベーターが内発的モチベーター。そして自分の外側に魅力的なモチベーターが見つかったら、それは間違いなく外発的モチベーター。

たとえば、「大きくなってプロ野球選手になりたい」という野球少年の願望は、まぎれもなく内発的モチベーター。一方、住宅ローンを抱えているビジネスパーソンが収入アップのために残業に励むとき、明らかにこの人間は外発的モチベーターによって触発されている。

このように、内発的モチベーターと外発的モチベーターのどちらが強烈かは人それぞれで、一概に論じることはできない。大事なことは、あなたにとって最強のモチベーターを見出すことにある。

外発的モチベーターは即効性があるが、とても不安定である。それだけでなく「やらされ感」が強いモチベーターでもある。

たとえば、週末に母親が小学生の息子に晩ごはんのお手伝いをしてもらおうと考えたとき、「晩ごはんのお手伝いしてくれたら、あなたの好きなゲームソフトを買ってあげるわ」と言って依頼したとしよう。

たぶん男の子は進んで晩ごはんの手伝いをしてくれるはず。ただし、彼が晩ごはんの手伝いをすることは、少なくとも自発的ではない。ご褒美という外発的モチベーターを目の前にぶら下げられたから手伝う気になっただけだ。

しかも最初にご褒美をあげてしまうと、それ以降は頼み事をするたびに何かご褒美という餌がないと手伝ってくれない。これこそ外発的モチベーターが抱える大きな問題点。

一方、料理の大好きな、やはり小学生の娘に同じことを依頼する場合はどうだろう。母親が「手伝って！」と言うまでもなく、女の子は自発的に晩ごはんの手伝いをしてくれるだろう。もちろん、彼女にとってご褒美なんてまったく必要ない。これこそ内発的モチベーターの魅力なのだ。

もしもあなたが内発的モチベーターに触発されて具体的な行動をとったとき、それは永続的に持続できる、安定したモチベーターとなる。

それではこれをアスリートにあてはめてみよう。「金メダルを獲得するために頑張る」という思考は外発的にモチベートされた典型例であり、「自発的に頑張った結果、金メダルというご褒美が手に入ればいい」という発想は純粋に内発的モチベーターに触発されたもの。

このことに関して、あるとき雑誌のインタビューに答えて本田はこう語っている。

「みんなが嫌なこともやれるし、夢のためにやりたいことも我慢できる。それを本当に徹底していて、あとは人よりも思いがちょっと強いだけ。その差が結果に表われたりするのですよ」※㉒

自分が成長するためには、どんな厳しい練習にも耐えられる。これこそ本田を一流のプロサッカー選手に仕立て上げた典型的な内発的モチベーターなのである。

心理学の実験でも、「一般的に内発的モチベーターにより行動する人間ほど、創造性のレベルが高い」という事実が判明している。これはある意味簡単に推測できる。やらされ感のある外発的モチベーターでは、ただ練習メニューをこなすだけで、そこからなかなか創造性は生まれてきにくい。

たぶん、錦織や本田の脳の創造性を担う領域は、四六時中活発に働いているはず。つまり、自発的行動と創造性はとても相性がよいのである。

同じ仕事をするなら、やらされ感を持ってしぶしぶ目の前の作業にあたるのではなく、心の中に成長欲求を育てながら、できなかったことができるようになる快感を求めて努力を積み重ねよう。そうすればどんな面白くない作業も自発的に取り組めるようになる。

次ページの図表5は、私が作成した「モチベーション究明用紙」である。この用紙を活用して、あなたの仕事のやる気の源泉は「内発的モチベーター」なのか、それとも「外発的モチベーター」なのか、しっかりとチェックしてほしい。そして、そのモチベーターの

図表5▶モチベーション究明用紙

記入日 20 ＿＿ 年 ＿＿ 月 ＿＿ 日

仕事の内容

内発的モチベーター［（　）の中に10点満点で強度を記入］

1. ＿＿＿＿＿＿＿＿＿＿ （　　）点
2. ＿＿＿＿＿＿＿＿＿＿ （　　）点
3. ＿＿＿＿＿＿＿＿＿＿ （　　）点

外発的モチベーター［（　）の中に10点満点で強度を記入］

1. ＿＿＿＿＿＿＿＿＿＿ （　　）点
2. ＿＿＿＿＿＿＿＿＿＿ （　　）点
3. ＿＿＿＿＿＿＿＿＿＿ （　　）点

結果と反省

強度を10点満点で採点しよう。もちろん行動を起こした後、結果と反省を具体的に記入しておこう。そうすれば、自分にとっての最強のモチベーターが何であるかが見えてくる。

あなたの目の前に存在する仕事があることに感謝して、それを最高のものに仕上げることに努めよう。それだけでなく、仕事を通して自分の技を積極的に高める努力も怠らない。そういう心構えで懸命に仕事に打ち込めば、あなたも楽しく仕事にのめり込むことができ、本田や錦織のように大きな成果を上げることができるようになる。

「やる気」が出るのを待っている人に、永遠に「やる気」は出ない

どんな状況であっても、高いレベルのモチベーションを維持するスキルを身につけているのが、一流人の共通点。実は、やる気と行動の関係を多くの人々は誤解している。私たちは、「やる気があれば自然に行動力がついてくる」と考えている。もちろん、多くの心理学の本には、やる気を高める工夫やヒントが満載である。しかし、明らかにこの考え方は間違っている。

たとえば、本田は行動という自らのキャリアを重ねながら着実に階段を上っていった。

結果名古屋グランパスに入団後も徐々に出場する機会が増え、2年目の2006年にレギュラーとして定着する。そしてドイツW杯直後に発足した北京五輪代表にコンスタントに招集される。

そしてオシム監督時代の2007年6月のキリンカップA代表合宿にも招集され、その地位を固める。岡田武史が代表監督になってからは、南アフリカW杯のアジア3次予選・バーレーン戦で国際Aマッチデビューを果たす。

同じ北京五輪代表だった本田拓也は、当時を思い出してこう語っている。

「圭佑とは五輪代表発足当初から本大会までずっと一緒にやったけど、こうと決めたら絶対にブレないところがあるなと思っていました。筋トレもよくやっていただろうし、食事にもこだわっていた。06年のアジア大会（カタール）の時にすごいなと思ったのは、野菜をしっかり食べて、油ものをとらないという自己管理を徹底していたこと。（中略）圭佑は言うべきことを言って自分にプレッシャーをかけて、ホントにその通りに結果を出す。発言と実力が伴っているからそれができるんです」※⑧

本田のように、徹底して自己管理に気を配って、やると決めたら即行動に移そう。それがあなたを一流の仕事人に育ててくれる。

行動はやる気の副産物ではない。行動こそ主役であり、やる気はその脇役にすぎない。もっといえば、やる気が起こらなくても、行動さえ起こせばやる気は自動的に高まるもの。やる気が湧いてくるまで行動を起こさない人に、永遠にやる気は起こらない。まず行動ありきなのである。

本田はこのことの大切さをよく知っている。やる気が起こらないけれど、やるべきことはとにかくやってみる。これこそ彼をトップアスリートに押し上げた要素なのである。

ハーバード大学の心理学教室に在籍するジェローム・ブルーナー博士は「感情によって行動を起こすというよりは、行動に感情がついてくる場合が多い」と語っている。

とにかくまず行動を起こそう。そうすれば、黙っていても後からやる気はついてくる。

行動を起こした後の失敗を恐れて行動を起こさない人がいる。あるいは、行動の是非を分析しすぎて、いつも「行動を起こさないほうが賢明！」という結論に達する人がいる。

残念ながら、このような人が人生を成功に導くことなどできない。もしもあなたが成功を手に入れたいなら、失敗を避けて通ることはできない。だから失敗を恐れてはいけない。もっといえば、失敗の数と成功の大きさは比例するのだ。

アメリカを代表する啓蒙家であるトム・ピーターズはこう語っている。

「一日の終わりに『さて、今日も一日失敗せずに過ごせてよかった』と喜ぶ人ほど使いものにならないものはない」

この成熟した情報化社会でも、いまだに失敗しないことには手に入らないものはたくさんあるのだ。だからまず行動すると決めて入念に行動の計画を練ればよい。

書店に行けば、「強く願えば夢が叶う」という安直な自己啓発本が山積みになっている。不思議なことに、その多くがベストセラーになっているという。しかし、考えてもみてほしい。願って夢が叶うくらいなら、この世の中は成功者だらけのはず。しかし、現実はそうではない。

もちろん、私は願うことを否定しているわけではない。願うことによって行動力がつき、その行動こそが私たちを夢に連れていってくれるのだ。残念ながら、それを実践している人はあまりにも少ない。

行動することの大切さを他のどのアスリートよりも強烈に脳に刻み込んでいる本田が、1万人に1人、いや何百万人に1人の逸材であることが、その事実を証明している。彼は、自分を奮い立たせて行動を起こすためにさまざまな工夫を凝らしている。その典型例がここにある。CSKAモスクワ時代、2010年3月に開催された欧州チャンピオンズリーグ（CL）でインテルに敗れたとき、本田はこう語っている。

「いつでもインテルの選手と戦うイメージでやらなあかんのに、悔しい思いをしてから気づいている。それじゃ遅いんですよ。だから、自分で自分に『おまえ、アホやな』と。『何度もこんなことやってたら目標に到達しないぞ』と問いただすんです」※⑨

「機」という漢字には2つの意味がある。まず1つ目は機会の「機」。チャンスという意味である。そしてもう1つの意味は危機の「機」。ピンチという意味である。つまり、チャンスとピンチは本来同義語なのである。言い換えれば、チャンスはピンチであり、ピンチはチャンスなのである。

この意味は深い。ピンチに見舞われたとき、何もしないで塞《ふさ》ぎ込んでいるだけでは事態はますます悪い方向に動いていく。こんなときこそ果敢に行動に移して、その打開策を練らねばならない。

一方、順風満帆のとき浮かれていると、とんだしっぺ返しを食らう。気持ちを引き締めて新たな努力を積み重ねていかねばならない。

人間は好きなことでしか成功できない

あなたにとって「成功」とは何だろう？　巨万の富を築くことだろうか？　それとも100歳まで健康長寿で生き続けることだろうか？　それとも平凡な日々だけど、家族仲よく、苦労のない人生を送ることだろうか？

一人ひとりの顔が違うように、その人の成功のとらえ方は違って当然である。ただし、錦織や本田のように、「自分の潜在能力を発揮して、その分野のナンバー1を目指すこと」はこの本で私が強調する「成功」に最も近いかもしれない。もちろんナンバー1を実現できなくてもいい。自分の潜在能力を目一杯発揮することこそ、成功の名にふさわしい。

本田は「飢え」という言葉をよく口にする。そのことについて彼は、雑誌のインタビューでこう語っている。

「飢えですよね。やっぱり飢えというのはすごく重要なものだと思っています。『飢え』というと、これもネガティブなイメージがあるかもしれませんが、僕はすごく重要なものだと感じていて、飢えによって、人はパワーを発揮すると思うんですね。（中略）時にね、それがセルフィッシュなものと紙一重になってしまうかもしれませんが、そこをね、うまいことコントロールできるようになりさえすれば、飢えというのは素晴らしい人間の要素やと僕は思っているんですよね」※③

私の人生がそうであったように、あなたもその気になれば、本田のように「飢え」という感覚を常に心の中に持ちながら努力を積み重ねることができるのだ。そのためには、まずあなたは自分の仕事を好きにならねばならない。

一文無しから富豪に登り詰めたハーブ・エッカーはこう語っている。

「人間は好きなことでしか成功できないよ。嫌いなことをしていて、成功なんてできるわけがない！」

あなたの仕事をもっと好きになろう。もしも好きになれないなら、仕事を面白くする工夫をしよう。そうすれば、あなたの仕事を錦織のテニスや本田のサッカーのように面白い仕事に変えることができるようになる。

ここであなたはこう反論するかもしれない。「自分の仕事はテニスやサッカーのように好きになれないよ。だって飽き飽きするようなルーティンワークの繰り返しが私の仕事の大部分を占めているんだから……」。

しかし、ちょっと待ってほしい。その作業をそのようにとらえるから面白くないのであって、以下の3つの欲求に照らし合わせて考えれば、好きの要素が必ず見つかるはずだ。
それらは、心理学でいう「期待欲求」「達成欲求」「成長欲求」である。

自分への期待こそが、自分を成長させる起爆剤

まず、期待欲求について考えてみよう。「頑張ればよいことがある」という自己への期待があるから、私たちは辛い作業でも頑張れる。

2014年のシーズンの錦織の大活躍は、期待欲求なくしては語れない。その前年にコーチに就任したマイケル・チャンは、就任早々錦織に、「きっと君は私を嫌いになるだろう」と言い放ったという。厳しい練習を覚悟しておけというニュアンスが、この言葉の中に込められている。

チャンは台湾系アメリカ人である。1989年の全仏オープンで、弱冠17歳3カ月という若さで彼はアジア系男子として初めてチャンピオンに輝いた。身長175センチというテニスプレーヤーとしては小柄な体格にもかかわらず、持ち前のスタミナとフットワークでグランドスラムの頂点に登り詰めたのだ。

メンフィス・オープンの会場で練習する錦織選手。左はマイケル・チャンコーチ。
〈写真提供:共同通信社〉

事実、チャンは錦織に厳しい反復練習を課した。特に短いボールをフットワークを使ってウィナーで締めくくる練習を延々と繰り返した。

そして彼は、錦織に準備の大切さを繰り返し説いた。ある日の練習でチャンは錦織にこんな厳しい叱責を浴びせたという。

「なんで練習場に1時間前に来るんだ？　2時間前に来てストレッチの時間を倍にしろ！」

練習の1時間前に来れば十分だと思うが、チャンはこの言葉で錦織に完璧な準備をすることの大切さを説いた。それだけでなく、チャンは何百回となく同じ反復練習を錦織に課した。期待欲求があったから、錦織はその辛い練習を克服したのだ。

これはスポーツのみならず、ビジネスでも同様に通用する。たとえば、日々のセールス活動は辛い。顧客の門を叩き続けて1回の成約をとりつけるのに99回断られるという辛い思いもしなければならない。しかし、門を叩く数が多くなれば自動的に成約の数も増えるという事実を把握すれば、断られるのも悪くない。

もっといえば、断られることによって成約に一歩近づいたと考えてみよう。一流のセールスマンの多くには、「断られることが快感」と豪語する人も多いという。だから、以下のメッセージを口癖にしてしまおう。

「頑張れば頑張るだけ、報われるように世の中はできている！」

「嫌なことをやり遂げることにより、新しい才能を手に入れることができる！」

「逆境の闇が深ければ深いほど、自分は成長できる！」

もっと自分に期待しよう。日々の仕事は辛いけれど、努力を積み重ねれば近い将来に凄い自分に生まれ変わることができるという自分への期待こそ、あなたを成長させてくれる起爆剤。残念ながら、10人のうち9人は自分を過小評価しているため、自分への期待が不足している。期待欲求が欠けていると、才能はすぐに錆《さ》びついてしまい使い物にならなくなる。あなたはあなた自身が想像できないほど凄い潜在能力を保持している。ただそれに気づいていないだけなのだ。

自分に期待する高い志があったから、錦織も本田も潜在能力を発揮して一流のプロスポーツ選手の仲間入りができた。自分に精一杯期待して果敢に行動を起こそう。そうすれば、あなたも潜在能力を発揮できるようになる。

「負けるのが嫌い」な人は素質がある

2番目は「達成欲求」。錦織や本田のようなトップアスリートには、別名が用意されている。「オーバーアチーバー」（桁外れの成果を上げたいという欲望を持つ人間）である。とにかく彼らは達成欲求が桁違いに強いのである。注目すべきは、その欲求の強さだけでなく持続力にある。

彼らは、とにかくしつこい。だから、少々の逆境やピンチに見舞われてもあきらめない。それどころか、それらをエネルギーにして着実にそれを呑み込んで飛躍していく。そこが凄いのである。

達成欲求をもう少し具体的に示せば、それは「負けず嫌いの感情」と言い換えることができるだろう。

錦織はとびきりの負けず嫌いである。たとえば小さい頃、家族でトランプをして負けると、彼はカードを床に叩きつけて悔しがったという。また11歳のとき、松岡修造が主宰する「修造チャレンジ」で松岡と試合をして松岡が勝利したとき、彼は泣きながら「もう1回やらせてください」と挑んできたという。

あるいは、女子柔道の選手との合同自主トレがあって、食事のときに大食い対決を錦織のほうから持ち込んだ。結果は錦織の負け。しかし彼は、「今日は胃の調子が悪かった」と決して負けを認めなかったという。

本田もまた錦織に劣らず負けず嫌いである。摂津四中時代、兄の弘幸と一緒に歩いていて信号を見つけると「信号までダッシュしよう」と勝負を仕掛け、負けたら「ずるしたかや」と言い張り、決して引き下がらなかったという。あるいは腕相撲をして兄にいつも負けるのだが、劣勢になっても泣きながら勝負が決まるまで堪えていたという。

これからもわかるように、負けることが大嫌いなのがオーバーアチーバーの共通点。自分の定めた目標が達成できなかったとき、悔しさを心の中に溜め込んでリベンジをはかる。自分の潜在能力を信じて辛い作業を積み重ねることのできる資質が「期待欲求」であり、実際に結果が芳《かんば》しくなかったときに、悔しさを感じてモチベーションを落とさず再チャレンジを仕掛ける資質こそ、「達成欲求」そのものなのである。

あるとき、錦織はこう語っている。

「コートでは怒っているぐらいの顔をしていないとだめなんです。トッププロの実力差なんて紙一重。ちょっとしたことで集中力が切れたり、一瞬でも弱みをみせたりしたらつけ込まれる」※⑩

相手に負けたとき、「あいつには勝てない！」と考えてガッカリしてしまい、モチベーションを落としてしまうのが並のアスリート。いわゆる〝決めつけ〟である。もちろん、このアスリートは、相手に勝ったときには、「あいつに負けることはない！」と浮かれて努力を怠ってしまう。こんな短絡的思考のアスリートが一流になれるはずはない。

目標理論の権威であるハーバード大学のデイビッド・マクレランド博士は、達成欲求の強い人間の共通点を3つあげている。それは以下のとおりである。

(1) 高いレベルの目標を設定して、それにチャレンジを仕掛ける。
(2) 独自のやり方で目標の達成に挑む。
(3) たとえその目標達成が長期に及んでも、努力を積み重ねることができる。

あなたの場合、この3つのうちいくつあてはまるだろう。このことを真剣に考えてみよう。これらに留意して努力を持続すれば、簡単に達成欲求を高めることができるようになる。

達成欲求を無視して期待欲求だけが一人歩きしても、行動が伴わない。厳しい練習メニューを与えるととたんに行動をやめてしまう。それだけでなく、あまり自分に期待しすぎるため、ピンチに見舞われるととたんにモチベーションを下げてしまう。逆に、いくら達成欲求が強くても、期待欲求が希薄なら、すぐに妥協してあるレベル以上の努力を怠ってしまう。

つまり、以上述べた2つの欲求をバランスよく膨らませていくことにより、あなたは着実に進化していけるようになる。

「敵は毎日の自分。俺はそれに勝てていない」

そして、3番目の欲求が成長欲求。成長欲求という強烈な内発的モチベーターがトップアスリートの行動の源泉になっている。本田ほど成長欲求に貪欲なアスリートを見つけだすのは難しい。彼は自らの成長を最優先するから、どんな状況でも絶対手抜きをしない。

CSKAモスクワに所属していた2010年1月に、スペインで行なわれた合宿で、延々と続くダッシュ練習で本田は常に先頭を駆け抜けていたという。

そのことについて彼はこう語っている。

「『ちょっときついな』と思って、あと一歩が出なかったりする。それは妥協でしょ。何かやろうとしても、思いどおりできなかったら少し休憩しようとすることもある。ロシア語を勉強しようとかって時にもね。すべて妥協の連続。敵は毎日の自分。正直、俺はそれに全然勝てていない。だから、もうちょっとできるんじゃないか、昨日よりも今日、今日よりも明日、もうちょっとやってみようというイメージを常にもっています」※⑪

昨日の自分よりも今日の自分は、ほんのわずかではあるが成長している。本田はその快感を並のアスリートよりも敏感に感じ取れるから頑張れる。本田のように壮大な夢を抱いて、それに向かって日々小さな努力を積み重ねて着実に自分を成長させていく。私たちもその気になれば、彼のような思考と行動を日常生活の中に取り入れることができる。

庭の木の枝につかまっているイモムシを観察してみよう。イモムシはただ見ているだけではほとんど前進していないように見える。しかし、数時間後に行ってみると、少なくとも1メートル以上は移動している。このことが、わずかではあっても日々努力を積み重ねることが、大きな成長を形成するという事実を私たちにわかりやすく説明してくれる。

成長欲求はご褒美に関係なく、とても安定しているモチベーター。昨日の自分よりも今日の自分のほうがわずかではあるが成長している。そういう手応えを感じることにより、あなたは着実に夢に向かって近づいていける。

以上述べた3種類の欲求を脳裏に叩き込んで、日々努力を積み重ねよう。必ずあなたはその分野の一流人の仲間入りができるようになる。

第4章

最新の目標設定理論が あなたを劇的に変える

ミッションが日々の辛い作業を意味のあるものにする

目標設定は人生を大きく変えてしまう。「目標」とよく似た用語に「ミッション」がある。目標とミッションはまぎらわしい。

ここで両者の違いについて整理しておこう。ミッションを辞書で引くと、「理念」となる。あるいはＮＡＳＡ（アメリカ航空宇宙局）が一連のプロジェクトを成功させたとき、「ミッションは成功した」という表現をする。この場合は「使命」とか「任務」という意味になるだろう。

それに付け加えれば、ミッションという言葉にはラテン語で「送る」という意味があり、ミサイル（ロケット弾）やメッセージ（伝言）といった「送る・伝える」ことを連想させる言葉も語源は同じである。

いずれにしても、ミッションという言葉には、それを遂行してなんとしても自分が定めたゴールにたどり着かなければならない、という願いが込められている。

もちろん、ときにはミッションと目標は同義語として使われることも珍しくない。私自身は、ミッションはゴールの色彩が濃いのに対し、目標はミッションを実現する途中の一里塚の役目を果たすものだと考えている。

たとえば、メジャーリーグのニューヨーク・ヤンキースのミッションは「ワールドシリーズのチャンピオンになる」というものになるだろう。たぶんこのミッションは1世紀前から毎年変わらないはず。

一方、目標は、たとえば「オールスター前の前半戦を勝率7割で折り返す」というものになるだろう。

ミッションは一度策定したら原則不変のものとなるが、目標はプロジェクトが進捗するにつれて刻々変化していくべきもの。それに加えて、目標には「達成期限」と「到達すべき成果」の2つの要素が常に盛り込まれていなければならない。

本田を例にとれば、目標という一里塚を一つひとつ実現しながら最終的に自分が定めたミッションを実現することこそ、彼のモチベーションを引き上げて本気にさせている原動力である。彼のサッカーのキャリアを紐解くと、主に5つのステージに分類できる。

- **第1ステージ（1994〜2004年）**＝プロ入り前（摂津FC、ガンバ大阪ジュニアユース、星稜高校）
- **第2ステージ（2005〜2007年）**＝名古屋グランパス（J1）
- **第3ステージ（2008〜2010年）**＝VVVフェンロ（オランダ一部リーグ）
- **第4ステージ（2010〜2013年）**＝CSKAモスクワ（ロシア一部リーグ）
- **第5ステージ（2014年〜　）**＝ACミラン（イタリアリーグ・セリエA）

このキャリアを通して、本田は一歩ずつ階段を上りながら、順境だけでなく逆境をも力に変えて飛躍してきた。それだけでなく、そのときどきに本田は、並のアスリートが考えもつかないような目標を設定してきた。

たとえば、2014年のW杯の前に本田は本気で「自分が点を決めて、得点王になってワールドカップで優勝する」という目標を掲げた。誰が考えても無謀と思えるほど飛び抜けたミッションを打ち立て、それに向かって邁進《まいしん》する。これこそ本田の真骨頂なのである。

ミッションは日々自分を叱咤激励して活を入れ、自分を奮い立たせるものでなければならない。並のサッカー選手なら、「W杯で優勝できるわけがない！」と考えてしまうから、そのミッションは機能しない。

しかし、たとえ1％の可能性であっても、それが実現したら自然にモチベーションが上がるようなミッションを策定して、本気でその実現に向けて全力を尽くす。それこそ、本田のようなトップアスリートが本気で考えていること。

あるとき、本田はこうも語っている。

「俺に出来て、メッシやクリスティアーノ（・ロナウド）に出来ないことを、したい」※⑫

ミッションのベースにあるのは、結局、日々の辛い作業を意味のあるものにすること。このミッションが本田を奮い立たせるのである。壮大なミッションを打ち立てて、それを実現するために日々の細かい作業を積み重ねよう。それがあなたを一流人に仕立ててくれる。

どうせなら、でっかい、自分がワクワクするようなミッションを描いて目の前の日々のルーティンで全力を尽くそう。

この姿勢こそトップアスリートの保持する資質であり、私たちも学ぶべきである。図表6に「目標設定用紙」を示す。この用紙は1週間に1枚使用する。日曜日の夕方に翌週の目標を意識しながら記入していこう。まず目標宣言の欄に実現したい目標を記入する。そのとき、必ず達成期限を明確にすることが目標実現には不可欠である。

次にその目標を実現するための具体的な行動を記入していこう。この用紙は最大7つの行動まで記入できる。やるべき行動を記入したら、1週間かけてその行動を果敢に実行しよう。そして、日曜日の夕方に1週間を振り返って、個々の行動の達成度を記入してほしい。最後に100満点でその週の採点をすればよい。

あなたにとって、本田の「W杯で優勝して得点王になる」というミッションにあたるものは何だろう。

図表６▶目標設定用紙の例

目標設定用紙

20＿年　第＿週

☆目標宣言

私はなんとしても　20＿年＿月＿日までに

＿＿＿＿＿＿＿＿＿＿＿＿＿＿＿＿を実現する

☆今週の行動　　　　達成度

1. ＿＿＿＿＿＿＿＿＿＿　＿＿＿％
2. ＿＿＿＿＿＿＿＿＿＿　＿＿＿％
3. ＿＿＿＿＿＿＿＿＿＿　＿＿＿％
4. ＿＿＿＿＿＿＿＿＿＿　＿＿＿％
5. ＿＿＿＿＿＿＿＿＿＿　＿＿＿％
6. ＿＿＿＿＿＿＿＿＿＿　＿＿＿％
7. ＿＿＿＿＿＿＿＿＿＿　＿＿＿％

☆今週の採点（100点満点）＿＿＿点

もしもそれが描けていないなら、今すぐ自分がワクワクするミッションを打ち立てよう。そしてそのミッションの結果が出るまでベストを尽くす。そんな態度があなたを凄い達人に仕立ててくれる。

「目標設定」の最大の目的は目標実現ではない

ここで適切な目標設定水準について考えてみよう。夢が大きくなればなるほど、当然のことながらその夢が実現する確率は低くなる。夢は高すぎてもモチベーションは上がらないし、低すぎると手抜きがはびこってしまう。

なぜイチローは10年連続シーズン２００安打という偉業を達成することができたのか。それは彼の目標設定水準が適正だったからだ。最大の努力を維持してシーズン終盤にかろうじてその目標をクリアできる２００安打という数字を意識したから、彼はこの偉大な記録を10年連続で更新し続けることができたのである。

事実、２００安打を達成した10年間のうち、２００２年（２０８安打）と２００５年（２

06安打）はかろうじてクリアしたものであり、212安打を記録した2003年も終盤イチローは大きなプレッシャーに苛《さいな》まれる。
そのことを振り返ってイチローはこう語っている。

「ヒットを打つことは、打てば打つほど難しくなるのです。ヒット一本って、飛びあがるぐらいにうれしいんです。2003年のときの200本安打のときなんて涙が出ましたから」

まだまだ日本では、「控え目が美徳」という暗黙のルールがまかり通っている。しかし、それでは大きな夢を叶えることなどまったく不可能である。「宣言効果」は心理学で証明されており、モチベーションを上げて行動力を高めて自分が定めた目標にたどり着く原動力となる。
競泳界のスーパースター北島康介は、この法則を活用したからオリンピックで合計4個の金メダルを獲得できたと、私は考えている。北島は大会で必ずその日の目標タイムを、たとえば「今日は59秒フラットで泳いでくる」とコーチや親しいチームメイトに告げてから水に飛び込んでいったという。

このように、その日かろうじて達成できるくらいの凄い数字を告白することにより、自動的にモチベーションレベルを引き上げることができるようになる。不言実行ではなく、有言実行こそチャンピオンやトップアスリートが身につけているスキルなのである。このことに関して、北島はこう語っている。

「目標は簡単に叶えられないくらい高く設定する。その時々の自分が抱ける最大限の夢や理想を目標にすると言ってもいいかもしれない」

日本では、まだまだ目標の「実現」が最優先される。しかし、欧米では監督やコーチの口から「目標実現」という言葉はあまり発せられない。なぜなら彼らは、それは2番目に大事な目的であると考えているからである。

目標設定の最大の目的は、目標を実現することではなく、その人間のモチベーションを最高レベルに引き上げることである。

そういう意味でいえば、日本人の目標設定は欧米人に比べて明らかに目標実現を優先するため、控え目である。たぶん日本人10人のうち9人の夢や目標のレベルは低すぎると、私は考えている。

たとえ実現できなくてもいいから、バーを高く上げて凄い目標を設定して、それを目指して最大限の努力を積み重ねよう。それが実現したら、今度はあなたが最大限の努力をして1年先にかろうじて達成できるような目標は何か、そのことについてじっくり考えてみよう。

これはビジネスの世界でもそのまま通用する。たとえば、セールスの目標を10％高く掲げるのは、たぶん物理的に仕事時間を増やすだけで実現できる。ただ、それでは新しい発想や創造力は生まれてこない。

しかし、もしもあなたが「セールス2倍アップ!!」という目標を掲げたら、もはやいくら残業してもこの目標はほとんど達成できない。この目標設定をしたとたん、あなたの頭からは「新規顧客の開拓」「新規PR媒体の導入」「新製品の投入」といったアイデアがどんどん湧き出してくるはず。

イチローや北島のような目標設定の達人に学べば、あなたは自らの潜在能力を目一杯発揮して、仕事の達人の域に到達できるようになる。

あなたも「大風呂敷」を広げてみよう

たいていの場合、「思い込み」はよくない響きとして受け止められる。しかし、本田のような「思い込み」はむしろ人間を成長させてくれる。たとえW杯で優勝できないとすべてのサッカー関係者やサッカーファンが考えていても、本田は本気で「優勝してやる!」と意欲を見せる。その気持ちの強さが本田を支えている。

実際、2014年W杯前年の11月にベルギー遠征でワールドカップ出場組のミーティングがあったとき、本田は真剣にW杯で優勝を掲げることを他の選手に説得したという。もちろん、多くの選手が「優勝は見えない!」と主張した。そこで本田は、なぜ自分がそんな破天荒とも思える目標を設定するか、そのことを他の選手に説得にかかった。

そのときのことを振り返って彼はこう語っている。

「優勝が無理という自分の哲学を推そうとしていたグループに、俺の哲学を押し込んで、何とかやってくれ、と。みんなもその場では、『圭佑の話を聞いて、本当に優勝を目指さなアカンねんなと思った』というようなことを言ってくれたし、理解はしてくれたと思う。ある程度はね」※⑫

心理学の本には、「高すぎる目標設定はモチベーションを下げる」と書いてある。なぜなら、目標を定めた本人が「こんな目標達成できるわけがない！」と考えてしまい、手抜きをしてしまうからだ。

特にご褒美のような外発的モチベーターがそこに介在すると、とたんに控え目な目標設定になってしまう。少額でもいいから、「確実にそのご褒美を獲得したい！」という欲が働くからだ。

しかし、純粋な内発的モチベーターなら、目標を低く設定しすぎるということはない。あなたが高いレベルのモチベーションを維持できるなら、目標は高ければ高いほどよいのだ。

理論はともかく、チャンピオンやトップアスリートが破天荒な目標を設定

する傾向があるということは知っておいてよい事実である。

並のアスリートが設定したら大風呂敷ととらえられかねない壮大な目標設定も、本田のようなトップアスリートなら認められる。しかも、チャレンジの程度は大きければ大きいほどよい。それがキャリアを通して学んだスポーツ心理学者としての私の信念である。

あなたにとって最高の報酬とは何か?

2010年1月、本田はロシアリーグCSKAモスクワに移籍金900万ユーロ（約12億円）で移籍。移籍早々、欧州チャピオンズリーグの対セビージャ戦で無回転FKを披露して、本田の名を世に知らしめた。

リーグ開幕戦のアルカム戦では後半ロスタイムに劇的な決勝点をあげ、チームの初勝利に貢献した。このように、本田という選手は、敢えてできそうもない高度な技をただひたすら磨き続けたから一流の仲間入りができたと、私は考えている。レベルの高いアスリートほど難しい技へのチャレンジ精神が旺盛なのだ。

図表7▶目標の困難度と動機づけの関係

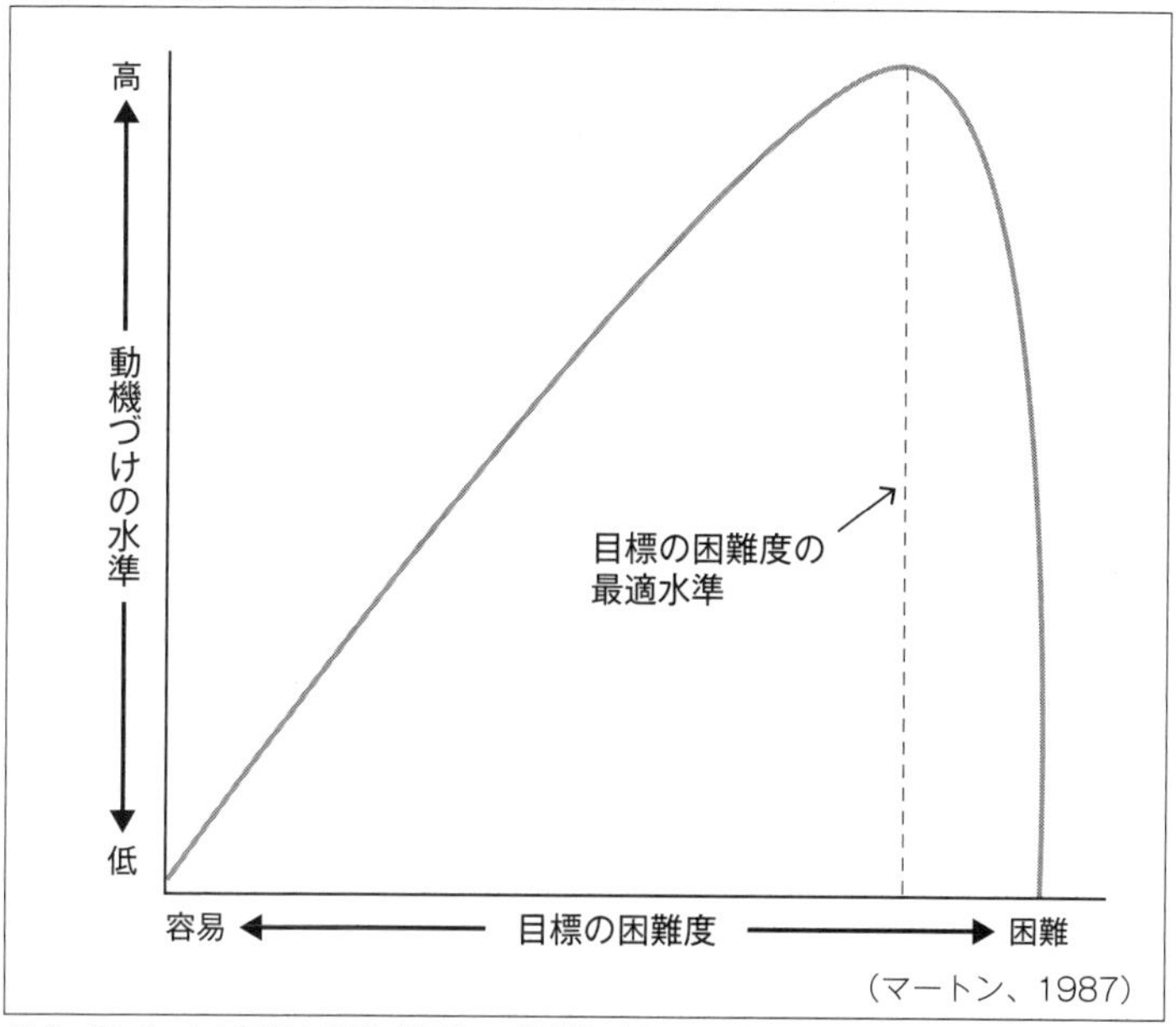

出典：『スポーツ心理学の世界』杉原隆、工藤孝幾、中込四郎、船越正康編著（福村出版、2000年）

ここにスケート選手を対象にした調査結果がある。それは、一流選手でない人たちは自分がすでに「できる」ジャンプに多くの時間をつぎ込む傾向があったのに比べ、トップレベルの選手は自分が「できない」ジャンプにより多くの時間を費やしていたという事実である。

心理学者のマートンは、目標の困難度と動機づけの水準に関してこう主張する（図表7参照）。

「容易に達成できる目標よりも、とても困難な目

標のほうが動機づけの水準は明らかに高くなる」

イチローのオリックスブルーウェーブ入団最初の年（１９９２年）の成績はさんざんなものであった。出場試合はわずか40試合。ヒットの数は24安打。打率２割５分３厘。そして入団２年目は43試合に出場してヒットの数はたった12安打。打率１割８分８厘。とうてい一軍に定着できる選手ではないと多くの野球評論家が当時語っている。

この下積みの苦労があったから３年目の飛躍につながったと、私は考えている。最初の２年間を一軍と二軍の間を何度も行ったり来たりする選手が、入団３年目に打率３割８分５厘、２１０本のヒットを打つなんて誰が予想しただろう。

なぜ、一流の選手は逆境の真っ只中にあってもあきらめないのか？　それは内発的モチベーションと外発的モチベーションで説明できる。並のアスリートほどお金や地位といった外発的モチベーションに強く反応する。「もっと賞金を稼ぎたい」とか「もっとランキングを上げたい」といった要素が彼らのモチベーションを上げている。

一方、イチローのようなトップアスリートは、お金や栄誉はあくまで自分が頑張ったご褒美にすぎないと冷静に考えることができる。それよりも彼らは困難度の高い技をマスターすることに夢中なのである。

アテネ五輪の陸上競技ハンマー投げでみごと金メダルを獲得した室伏広治は、あるときこう語っている。

「メダルの色は何色でも、重要なのはそこに向かって努力していくこと」

つまり、室伏を本気にさせているのは、ハンマーを投げるという動作に集約されていることがわかる。金メダルはあくまでもその努力の成果を判断する要素にしかすぎない。だから、たとえメダルが取れなくても、彼はその作業に意味を見出している以上、後悔することはない。

この心理・行動パターンの違いが、チャンピオンと並のアスリートを隔てている。順風満帆のとき、両者にあまり違いは見出せない。問題は逆境のときだ。チャンピオンは相変わらず淡々と努力を積み重ねることができる。一方、並のアスリートは逆境になると、とたんに挫折感を覚える。もはや期待するご褒美が獲得できないことを認識するからである。

このことについてジョシュア・ハルバースタム博士は、こう語っている。

「お金はムチと同じで、人を働かせることならできるが、働きたいと思わせることはできない」

もしもあなたがビジネスパーソンなら、ベースアップが会社側から示されたとき、「しめた！」と満面の笑みを浮かべるかもしれない。しかし、それがあなたの勤務態度を向上させてくれるとはとても思えない。ハルバースタム博士はこうも言う。

「仕事のもっとも豊かな報酬は、目の前に、つまり仕事をするという行為そのものの中にある」

これこそ好ましいモチベーションの典型例。どんな面白くない内容の作業でも、その作業を通して、自分が成長する手応えを敏感に感じながらその作業に没頭する。そんな心理・行動パターンが私たちに永続的な高いレベルのモチベーションを維持させてくれる。

本田のビッグマウスの真相

本田にしても、自分が成長することをしっかりとイメージできたから、辛い練習にも耐えることができた。彼がガンバ大阪のジュニアユースからユースに上がれなかった理由は、基礎体力にあったと、当時の監督だった島田貴裕はこう語っている。

「スピードと持久力がなかった。体力がなくて走れなかった。この年代は持久力などが伸びる時期なんですが、素走りでバテていたからね。遅かった。当たりは強いんだけど、体つきもひょろっとしていてね。他の選手と比べて、そのあたりの最低の能力が足りなかったので、どうしても使うチャンスがなかった」※⑦

そんなこともあって、星稜高校２年のとき、本田は毎朝６時に起きて持久力強化メインの朝練を行なっていた。８キロから10キロのアップダウンの激しい山間コースを走るという厳しいノルマを日々こなしていたという。
ガンバ大阪のジュニアユースでレギュラーに定着できなかった理由を見つめ直して、なんとしても欠点である持久力を高めるという、本田が自分に課した厳しいノルマである。その結果、高校2年生の冬から3年の春にかけて本田の肉体は激変していた。182センチの筋肉隆々のみごとな身体に変わっていたのだ。
「辛い」の辛の字に一を付け加えると、「幸」という字になる。辛い練習に耐えて、もう一頑張りすれば幸せになれるのだ。

仕事は明らかに2種類に分類される。それは、「やらされる仕事」と「自発的にやる仕事」である。どうせやらなければならない仕事なら、自発的にやったほうがよい。

もしも、ただお金を稼ぐ手段として仕事が存在するなら、たぶんその仕事は前者に分類されるだろう。あなたが所有している物理的時間を仕事に捧げてお金と交換するわけである。しかし、残念ながらこの心理では仕事時間は楽しくないし、モチベーションも上がらない。

当然、後者に比べて成果が上がらないから、結局、ベースアップも限定的なものになってしまう。

一方、後者は「成長」とか「向上」といったキーワードがふさわしい。仕事を通して自分の極限を試す。あるいは、自分の限界への挑戦こそ、自発的にやる仕事のエネルギー源となる。そういう心理・行動パターンで仕事に打ち込めば、成果が上がるだけでなく、幸福感がその人間を包み込む。

練習メニューとして何百回も黙々とサッカーボールを蹴る作業だけをとらえたら、ただ苦痛なだけの単純作業にすぎない。あるいは錦織にしても、延々と行なうサーブの練習は単調で辛いもの。しかし、もしもその単調な、厳しい鍛練により成長というご褒美が手に入るなら、頑張れる。この二人のアスリートはそう考えていたはずだ。

「できなかったことができる」とか「新しい技を習得した」といった快感があるからこそ、彼らは頑張れる。繰り返しになるが、「勝利」とか「賞金」といった典型的な外発的モチベーターは、自分を成長させた後についてくるご褒美にすぎない。

今ここに、サッカーかテニスで生計を立てたいと願う子どもが１万人いたとしたら、そのうち本田や錦織のようになれる人間は一人もいないかもしれない。しかし、その気になれば誰でも将来自分の仕事の分野で、サッカーの本田やテニスの錦織のようにはなれるのだ。少なくとも、仕事に対するプライドにおいて、私たちは本田や錦織の領域まで高める必要がある。

このモチベーターの典型例は、「もっと自分に期待したい」とか「もっと自分は成長したい」という純粋な欲求である。これが仕事をする際の高いレベルのモチベーションの支えになってくれる。

本田と錦織は、桁違いにこの欲求が強いから一流になれた。それが「オーバーアチーバー」の共通点。

本田はW杯ブラジル大会で「優勝」という目標を掲げた。2014年にブラジルで開催されたW杯。日本代表チームは、グループリーグ2敗1分けで最下位に終わる。「W杯優勝」を掲げた本田の大会後のコメントは注目を集めた。

「勝つことができなかったんで、何を言っても説得力がないかもしれないけれど、自分は世界一になることが目標だし、こういうやり方しか知らない。」

非常にみじめですけど、これが現実。自分の言ったことに責任はあるし、結果の世界なんで批判も出てくるだろうし、検証は必要でしょう。でも、この悔しさを生かすしかない。明日から世界一になる可能性があるのがサッカーだと思っているし、サッカーのある幸せに感謝したい。自分としては、（優勝には）今回のスタンスで個々の選手が成長していくしかないと思っています」※⑬

この大風呂敷とも思える目標設定により、自分たちを成長させようという本田独自の戦術だったと私は思う。

本田のビッグマウスはときとして誤解を受けることもある。ときには、それは単なる〝空《から》いばり〟としてサッカーファンの反感を買うことも珍しくない。しかし、それはときとしてチームメイトの妥協や士気の低下を防いで、チームにとってよい影響をもたらす。

そのことについて、高校時代の本田の恩師・河崎護はこう語っている。

「本田という男はコミュニケーション能力が極めて高い。先輩だろうが、指

導者だろうが、そこに自分で壁をつくらず、すっと入っていくんです。相手の感情も見抜いてしまうし、きちっとした話し方ができる。（中略）それにアイツは人を罵倒したり、悪口を言うタイプじゃない。〝ビッグマウス〟も自分にプレッシャーをかける意味だったと思いますね」※⑧

たとえ可能性が1％であっても、高い目標を目指して本気でその実現にチャレンジを仕掛ける本田の思考パターンが、彼に成長というプレゼントを与えたのである。

あきらめたら可能性はゼロ。たとえ可能性が限りなく少なくてもモチベーションを上げてくれるような目標を定めてベストを尽くす。そうすれば、たとえ目標を実現できなくても、あなたは着実に成長していけるようになる。

夢はなかなか実現できないからいい

華やかな職業ほど競争率は高い。その典型例をプロ野球に見てみよう。高野連に加盟している高校の数は約4000校。硬式野球だけでも約17万人が所属しているという。そして2014年のドラフトで指名された高校生は、育成枠も含めてわずか46名。しかもたとえドラフト1位で球団から指名されても、一軍のレギュラーとして定着する確率はそれほど高くない。

ただし、大きな夢を実現できなくても、錦織や本田のような大志を抱いてそれに向かって血の滲むような努力を積み重ねれば、誰でもその分野の達人の仲間入りができるようになる。あるとき、本田はこう語っている。

「オレみたいなやつが、メッシやクリスチャーノ・ロナウドを目指してもいいんじゃない？（中略）それやったら、誰もたどりつけへんやろって思っている」※⑭

現実的に本田はまだこの夢を実現していない。だから、いいのである。たぶん彼は、引退するまでこの夢に向かって邁進するはずだ。

実は、本田が壮大な夢を描くようになったのは、大叔父・大三郎さんの影響によるところが大きい。彼は現在80歳。実は大三郎さんは1964年の東京オリンピックにハンドボール選手として出場する予定だった。しかし、オリンピック前にハンドボールが種目として採用されないことがわかると、3年間でカヌーをマスターし、みごとカヌーの日本代表として出場する。

ちなみに大三郎さんの息子は、ロスオリンピックで5位入賞を果たしたレスリング選手で、後にプロレスに転向する本田多聞《たもん》である。多聞は、当時日本で無敗を誇るトップクラスの選手であり、ロスオリンピックでもメダルを期待されたが、結局3度出場したオリンピックでメダルを獲得できなかった。

本田が日記のように毎日書き続けている「本田ノート」を、小学生のときに書くように勧めたのは大三郎さんである。そのノートの数は星稜高校卒業時には何十冊にもなっていたという。

当時の本田はすでに大学ノートに、その日の感想だけでなく、睡眠時間、脈拍、食事の内容や栄養摂取量まで記入していたという。大三郎さんは、目標を繰り返し記入することの大切さを教えただけでなく、目標から逆算して残りの日にちを記入することの大切さを説いた。

その本田ノートの存在が明らかになったのは、彼が星稜高校在学中の頃である。ノートの脇には、「世界一になるまで〇〇〇〇日」という4桁の数字が記入してあったという。それをテレビで見た大三郎さんは、その数字が２０１４年Ｗ杯までの残りの日にちであり、それが本田の総決算になるとすぐにわかったという。

大三郎さんに教えられた「目標までの日数を逆算する」という教えを本田が忠実に実践したから、現在の彼があるといえなくもない。

作家ジョージ・バーナード・ショーの私の大好きな言葉がここにある。

「人生には二つの悲劇がある。一つは心から望むことを達成できないことであり、もう一つはそれを達成してしまうことである」

ここから学ぶ教訓は、手抜きをしても実現できるような夢ではなく、最大の努力をしてかろうじて届くような夢を抱いて、そのときどきに最大限の努力を尽くしてその夢に向かって邁進するということ。そうすれば、たとえその夢が実現できなくても、あなたは一角《ひとかど》の人間になっている。

私が開発した「回復チェック用紙」（次ページの図表８参照）は多くのアスリートのみなら

図表8▶回復チェック用紙

20___年___月___日

その日の生活で最も近い項目の数字を○で囲んでください。

1　**睡眠時間**

• 8時間以上（5）　• 7～8時間（10）　• 6～7時間（5）　• 6時間未満（3）

2　**起床・就寝時間の習慣**

いつも決まった時間に起床する

• はい（5）　• いいえ（0）

3　**活動的な休息時間**

専門競技以外の運動（他の球技、ウォーキング、水泳）を楽しんだ時間

• 1時間以上（5）　• 30分～1時間（2）　• 30分未満（1）

4　**受動的な休息時間**

読書、映画、テレビ、音楽鑑賞などの休息に費やした時間

• 1時間以上（5）　• 30分～1時間（2）　• 30分未満（1）

5　**リラックスのためのエクササイズの時間**

• 1時間以上（5）　• 30分～1時間（2）　• 30分未満（1）

6　**食事の回数**

• 3回（5）　• 2回（3）　• 1回（1）

7　**食生活の健康度**

軽い、新鮮で、低脂肪で、炭水化物中心の食事をとったか

• 毎食そうである（5）　• ほとんどそうである（2）　• そうではない（1）

8　**今日は楽しい1日だったか**

• 楽しかった（5）　• 楽しくなかった（2）

9　**個人的な自由時間**

• 1時間以上（5）　• 1時間未満（2）

1日の回復量の総計

点

（50点満点）

レベルA　40点以上……あなたの回復量は最高レベルです
レベルB　35～39点……あなたの回復量は優れています
レベルC　30～34点……あなたの回復量は平均レベルです
レベルD　25～29点……あなたの回復量はやや劣っています
レベルE　24点以下……あなたの回復量は劣っています

ず、ビジネスパーソンの方々にも愛用してもらっている。

このチェック用紙の各項目に記入してみよう。９つの項目で最も近い数字に○をつける。そしてその得点を合計して１日の回復量の総計を求めよう。満点は50点。毎日40点以上の得点を取れるような日常習慣を積み重ねよう。そうすればあなたは、本田のように仕事の現場で大きな成果を上げることができるようになる。

失敗の多さを誇れて初めて一人前!!

錦織や本田のような世界で活躍するトップアスリートの共通点は、並外れた「大風呂敷」を広げて、それを実現させるために努力を積み重ねること。

大風呂敷を広げるだけなら、並の人間でも簡単にできる。しかしたいていの場合、それが行動に移されることはない。子どもの頃、あなたも凄い人生の目標を抱いたはずだ。


「プロ野球選手としてジャイアンツからドラフト１位の指名をもらう」

「ノーベル賞に輝く科学者になる」

「宇宙飛行士になって青い地球を見る」

残念ながら、このような小さい頃に描いた大きな夢を実現できる人間は、本田や錦織のような一握りのトップアスリートだけ。錦織や本田は小さい頃から本気で大人の自分を強く脳裏に刻みつけていたから壮大な夢を実現できた。

日本ではまだまだ「目標達成」とか「夢を実現しよう」といった言葉が組織の中で飛び交う。しかし、欧米ではあまり目標達成とか夢実現といった言葉が交わされることはない。「達成」とか、「実現」をあまり優先させると、目標が控え目になり、夢もしぼんでしまうからだ。

図表9にパフォーマンスの程度と時間のグラフを示す。ほとんどの人は①のようにゴールを鮮明に描くことなく迷走を続けて、平凡な人生を終える運命にある。

そしてたぶん10人に2~3人の人たちは、ゴールを設定しているものの、そのレベルが低すぎるためにパフォーマンスレベルは高くない。その人間のパフォーマンスを決定づけるのは、その人間の持っている潜在能力ではない。ゴールイメージのレベルがその人間のパフォーマンスを決定するのである。

図表9▶ゴール設定のパフォーマンスレベルに及ぼす効果

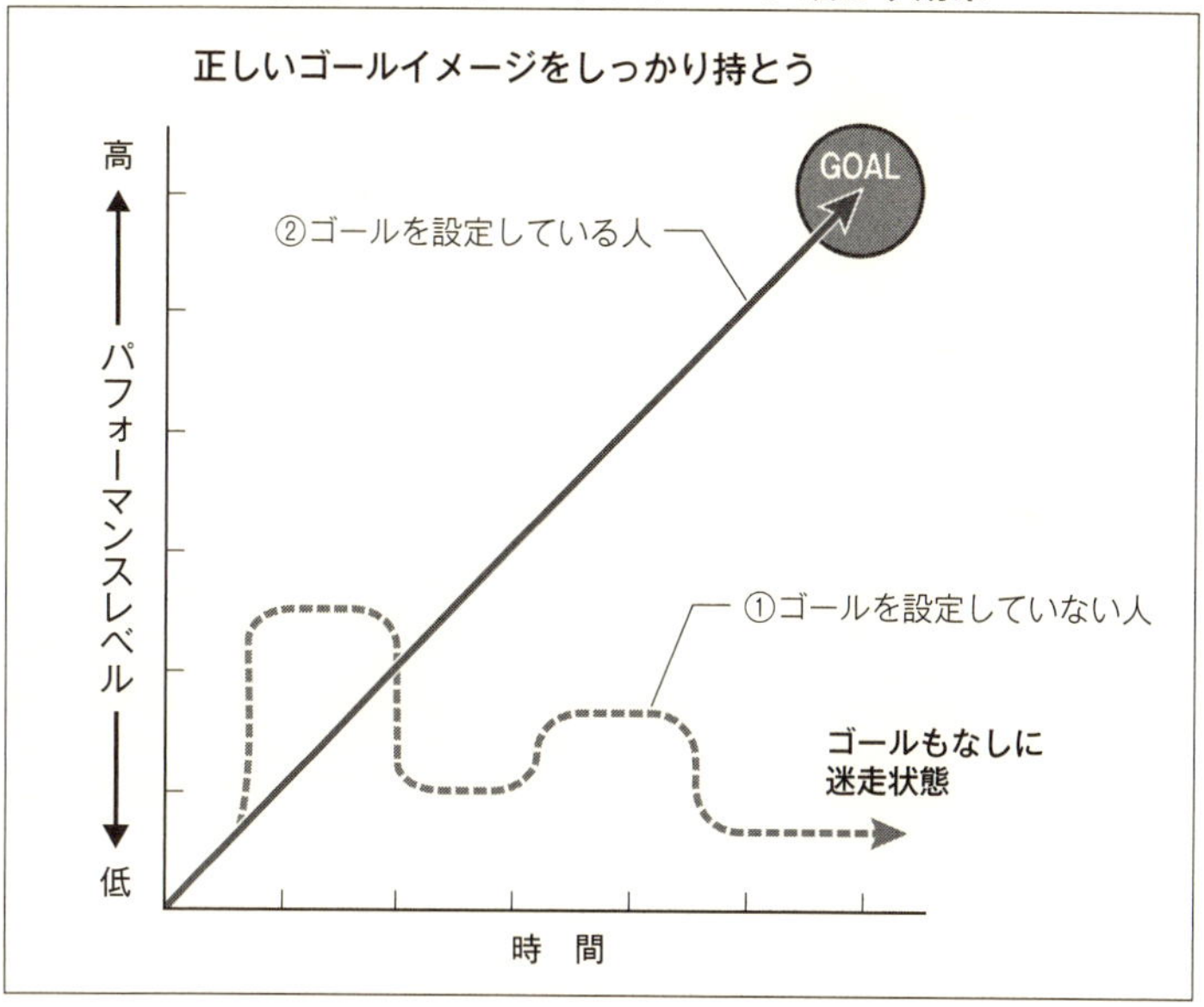

そして、一握りの錦織や本田のようなトップアスリートだけが凄いゴールを設定して、そのゴールに向かって邁進する。それが彼らの潜在能力に訴えかけ、凄いパフォーマンスを発揮させている。

極端なことをいえば、ほとんどの人々にとって、錦織や本田の描く壮大な夢とは、「実現できないものであり、描くことによって快感を得られるだけのもの」という定義がふさわしい。

結果、私たちがこのような夢を描くのはせいぜい高校を卒業するまで。ほとんどの人は大人になるにしたがい、子どもの頃に描いた夢を忘れて、賢明かつ現実的な選択をするようになる。そしてたいていの場合、平均的な人生を歩むことになる。もちろん、それも悪くない。

しかし、たった一度きりの人生である。どうせなら、子どもの頃に描いた夢を再点検して、あなたがすでにあきらめかけた大きな夢を描き直そう。それは今からでも決して遅くない。

第5章

自己イメージを描き直せば、もっと凄い自分に巡り会える

自己イメージがその人の行動を決定する

オーバーアチーバーであるチャンピオンの凄さは、その才能ではなく、自己イメージの描き方にある。実は私たちは自己イメージに基づいて行動を決定するのだ。

整形手術をした人間が自分が獲得した「新しい顔」に慣れるのに3週間かかるという。自己イメージもそれとまったく同じ。もしもあなたが自己イメージを書き替えて3週間そのイメージを抱きながら過ごせば、あなたは新しい自己イメージを手に入れることができるようになる。

「3日、3週間、3カ月、3年のルール」という教えがある。黙って3日間持続すれば、それは苦痛なく持続できるようになる。3週間それを持続すれば、それは間違いなく習慣として根づく。3カ月間続ければ、それは具体的な力となって表に現われる。そして3年間続けば、それはあなたの最大の武器になる。

小学生のときの本田の作文がそれを証明している。それを以下に示そう。

「ぼくは大人になったら 世界一のサッカー選手になりたいと言うよりなる。世界一になるには 世界一練習しないとダメだ。だから 今 ぼくはガンバッている。今はヘタだけれどガンバッて必ず世界一になる。
そして 世界一になったら 大金持ちになって 親孝行する。
Wカップで有名になって ぼくは外国から呼ばれて ヨーロッパのセリエAに入団します。そしてレギュラーになって 10番で活躍します。一年間の給料は40億円はほしいです。プーマとけいやくしてスパイクやジャンパーを作り 世界中の人がこのぼくが作ったスパイクやジャンパーを買って行ってくれることを夢みている。
一方 世界中のみんなが注目し 世界中で一番さわぐ 4年に一度のWカップに出場します。セリエAで活躍しているぼくは 日本に帰り ミーティングをし 10番をもらってチームの看板です。ブラジルと決勝戦をし 2対1でブラジルを破りたいです。この得点も兄と力を合わせ 世界の強ごうをうまくかわし いいパスをだし合って得点を入れることがぼくの夢です」※⑮

これからも本田の自己イメージの描き方の凄さがよくわかる。小学生の本田の脳裏にはすでにクリアに未来の自分像が描かれていたはず。

1世紀前に生きた高名な心理学者ウィリアム・ジェームズの言葉がここにある。

「人間は概して、その人間が描いた通りの人間になる」

私はこれを、「私たちは描いた自分像以上の自分にはなれない」と解釈している。どうせなら、壮大な自分像を描こう。図表10に「自己イメージ書き替え用紙」を示す。この用紙にまず「今、自分自身をどう認識しているか」について思いつくまま書き記《しる》そう。そして、今度は「将来どういう人間になりたいか」について記入していこう。

現状の自分と未来の自分のギャップを埋める作業こそ、あなたをより一層凄い自分に変えてくれるエネルギー源となる。

もしもあなたがいくら才能に満ち溢れていても、「後ろ向きの考え」しか持てないなら、後ろ向きの人生を歩む運命にある。一方、少しくらい才能が欠けていても、徹底して「前向きの考え」を人生の中で貫くことができれば、持てる潜在能力の限界まで力を発揮

図表10▶自己イメージ書き替え用紙

日付　20＿＿年＿＿月＿＿日

自分自身をどう認識しているか？（現在の自分）

1.＿＿＿＿＿＿＿＿＿＿＿＿＿＿＿＿
2.＿＿＿＿＿＿＿＿＿＿＿＿＿＿＿＿
3.＿＿＿＿＿＿＿＿＿＿＿＿＿＿＿＿
4.＿＿＿＿＿＿＿＿＿＿＿＿＿＿＿＿
5.＿＿＿＿＿＿＿＿＿＿＿＿＿＿＿＿

自分は将来どんな人間になりたいか？（将来の自分）

1.＿＿＿＿＿＿＿＿＿＿＿＿＿＿＿＿
2.＿＿＿＿＿＿＿＿＿＿＿＿＿＿＿＿
3.＿＿＿＿＿＿＿＿＿＿＿＿＿＿＿＿
4.＿＿＿＿＿＿＿＿＿＿＿＿＿＿＿＿
5.＿＿＿＿＿＿＿＿＿＿＿＿＿＿＿＿

あなたがなりたい具体的な人物は？

1.＿＿＿＿＿＿＿＿　4.＿＿＿＿＿＿＿＿
2.＿＿＿＿＿＿＿＿　5.＿＿＿＿＿＿＿＿
3.＿＿＿＿＿＿＿＿

できるようになる。

ふだんから、本田のような凄い自分を精一杯思い描いて、その自分に少しでも近づく努力を積み重ねれば、あなたも本田のような凄い成果を上げられるようになる。

私に起こった奇跡が運命を変えた

私は大学4年生のとき、テニスプレーヤーとして全日本学生選手権男子シングルスでベスト8まで進出した。京都大学出身でここまで勝ち上がったのは戦後数えるほどしかいない。実はそれには伏線があった。その3カ月前に、学生のランキングプレーヤーでも何でもない平凡なプレーヤーである私が、大番狂わせを演じたからだ。

1970年5月に開催された大阪毎日選手権で、私は当時の全日本チャンピオンでデビスカップ日本代表選手である小林功選手に勝利したのだ。その日の朝の第1ラウンドで小林選手は、私というほとんど無名の選手への油断があったのか、ほとんど朝食をとらずにゲームに臨んだ。それが敗因の大きな要因となった。なぜなら彼は、私が粘り屋であることを知らなかったからだ。

第1セットは接戦になった。当時は、ゲームカウントが6－6になると行なわれるタイブレイクシステムはなく、延々と2ゲーム差がつくまでゲームが続く時代であった。

彼の打つパワフルなボールを必死で返球するうちに、どんどん彼の体力が消耗していくのがわかった。結局、彼は11－9で第1セットを奪ったけれど、そのとき、もはや彼にスタミナは残っていなかった。私は第2セットを6－3で簡単に取ると、ファイナルセットも6－3で取り、ついに勝利を手に入れた。

このゲームを境に、私の自己イメージが決定的に変わった。翌日「そうだ。自分はできるんだ！」という自信が心の中から湧き上がってくるのを実感した。

私の力量がその日から激変したわけではない。私自身の自分という人間のとらえ方が、その日決定的に変わったのである。

そして2カ月後に東京で開催された全日本学生選手権の男子シングルスで、私はシード順位が上の選手を次々に破り、快進撃を続けた。4年生の秋には、念願の全日本選手権にも出場することができた。もしもあのとき小林選手に負けていたら、たぶん私はスポーツ界に身を投じていなかった。

錦織にしても、彼の活躍はマイケル・チャンコーチなくして語れない。２０１１年に行なわれた東日本大震災復興チャリティーマッチで、錦織はチャンに初めて出会う。

後ほど詳細を述べるが、その年のスイス室内で錦織は勝ち上がり、決勝で憧れのロジャー・フェデラーと初めて対戦する。決勝前のインタビューで錦織は、「フェデラーと決勝で対戦するなんてワクワクします。彼は偉大な選手で、昔から私の憧れの選手なんです」と語った。

後年そのことを指摘して、チャンは「優勝するのはお前じゃない！　俺だ！　という気持ちでなければ、戦う前に負けている。過去の実績なんて目の前の試合には関係ないんだ」と錦織に言い放った。これが錦織の自己イメージを変えるアドバイスになったことはいうまでもない。２０１３年の年末に錦織はチャンをコーチに迎えた。それが２０１４年の大躍進の原動力となったことは記憶に新しい。

今すぐあなたの自己イメージを書き替えよう。それがあなたを一流人に仕立ててくれる一番の近道である。

自己暗示のパワーを侮ってはいけない

錦織は自己暗示の天才である。それはたぶん、マイケル・チャンコーチの影響によるところが大きい。名指導者ほどメンバーを洗脳する術に長《た》けている。心理学でいう「ピグマリオン効果」は覚えておいてよい心理法則である。

古代キプロスの王ピグマリオンは彫刻の女性に恋をする。そしてどうしても彼女と結婚したいと日々極限まで思いつめる。その願いがあまりにも強烈であったため、神はその思いを叶えてやろうとその彫刻に命を与えて、ピグマリオンはめでたくその女性と結婚できたという。強く願えば、その思いは叶えられるというたとえである。

いかにして、「間違った思い込み」を捨てて自己イメージを変えるか。これはたぶん才能以上に重要な要素である。

才能に恵まれていないと考えている多くのアスリートの問題点は、そのアスリートの才能のなさではない。「自分自身の才能に制限を与えているから、せいぜい20～30％程度しか実力を発揮できていない事実」に本人が気づいていないことにある。

こんな話がある。50キロの握力の人間が催眠術をかけられ、「あなたは凄い人間だ。握力は60キロ以上ある」と告げられ催眠を解かれる。その後で握力テストをすると、なんと62キロの握力を記録したという。

この人間の「自分の握力は50キロ！」という思い込みが能力に制限を与えていたのである。たとえ努力を粘り強く持続できても、自分の潜在能力の凄さを信じていない人間が大きな夢を実現することはない。

「勝てない相手はもういない」――この錦織の発言は、2014年の流行語大賞にノミネートされた。このことに関して、錦織は雑誌のインタビューでこう語っている。

「（『勝てない相手はもういない』という発言の裏には）自分に暗示をかけて、そっちのほうに仕向けていったというのはあると思いますね。（中略）誰にでも勝てるという強い思いは、これからもっともっと必要になると思います」※⑯

自己暗示のパワーを侮ってはいけない。一握りのチャンピオン以外、ほとんどのアスリートは自分を過小評価している。もちろんビジネスパーソンの多くもそうである。他人はあなたが考えているほど、あなたのことなど考えていない。みんな自分のことで精一杯なのだ。ならば、あなたに自己暗示をかけるのはあなたしかいない。

全米オープン準決勝でのジョコビッチ戦の前に、チャンコーチは錦織に「絶対に勝てる！」というメッセージを1日何度も投げかけたという。それがあの快勝につながったといえなくもない。

以下の言葉を口癖にしよう。

「私は○○○○においてはすでに一流である」
「私は着実に成長している」
「私は現在の仕事に向いている」

次ページの図表11は口癖変更メッセージ集である。この用紙を肌身離さず持ち歩き、口癖のようにこれらのメッセージを自分に語りかける習慣を身につけよう。そのことによ

図表11▶口癖変更メッセージ集

- 今日も素晴らしい1日にしよう
- 私の人生はどんどんよくなっていく
- 仕事は順調で楽しい
- 毎日が楽しくてしかたがない
- 私には幸運の女神がついている
- 困難な仕事ほどやりがいがある
- いい仲間、友達に恵まれて私は幸せ者だ
- 私は具体的に夢に向かって邁進している
- すべてのことに感謝！　感謝！
- 私に不可能なことはない
- 仕事ができることに感謝しなければ
- どんなときでも私は笑顔を絶やさない
- どんなときでも私はベストを尽くす
- うまくいかないときこそ飛躍のチャンスだ
- 摂生して健康を維持することに努めよう
- 家族がいるから私は頑張れる
- 私はなんて幸せ者だろう
- 今日も最高の1日だった。明日が楽しみだ

り、脳に化学反応が起こって、あなたをそのような人間に自動的に変えてくれる。

「凄い自分」を演じるスキル

カンザス州立大学である大規模な調査が行なわれた。経済、農業、ヘルスケアといったさまざまな分野で、一流と呼ばれる人たちの共通点を探ったのである。その結果、この人たちは「この分野は俺に任せてほしい」と訴えることが多かったことが判明した。

あるいは、こんな実験結果もある。ハーバード大学のバーバ・シップ博士は大学生を2つのグループに分け、同じ飲み物を飲ませた。

まずグループAには、「これを飲めば頭がよくなります」とアドバイスした。そしてグループBには、ただ「喉が渇いているでしょ。これを飲んでください」とだけ言った。

そしてその後2つのグループにパズルを解いてもらった。すると、明らかにグループAのほうが成績がよかったという。この実験から、思い込みがパフォーマンスを上げることが実証されたのである。

心理学でいう「パフォーマースキル」はトップアスリート特有の資質である。彼らは自分の潜在能力を本気で信じているから、堂々と振る舞える。たとえ実績がなくても、「俺は将来チャンピオンになる！」と本気で思い込み、立ち居振る舞いにおいても、それをみごとに演じることができるから大成したのである。

このことに関して、私の先生でアメリカを代表する著名なスポーツ心理学者であるジム・レーヤー博士はこう語っている。

「スポーツの世界にも下手な俳優はたくさんいる。そのとき感じている気持ちを、どんなものであろうと台本に関係なくあらわにしてしまう選手のことだ。彼らは疲れていればそれを表に出すし、怒り、恐怖、失望、緊張、無力感、何でもいいが、その時の気持ちをそのまま見せてしまう。（中略）彼らには台本への理解とそれを実行するスキルが欠けているのである。『演じるべき自分』が十分なスキルを身につけていないのだ」

たぶん本田にも、腸《はらわた》が煮えくり返るほど惨めなプレーに終始したゲームもあるだろう。あるいは長期間のスランプで、挫折感のピークにあった時期もあるだろう。しかし、彼は常に凄いプロサッカー選手を演じるスキルに長けている。だから、ポジティブな発言に終始して、凄いプロサッカー選手を迫真の演技で演じられるのである。

本田を「ビッグマウス」と表現する人たちがいる。しかし、彼は納得ずくで最高の自分を表現するパフォーマースキルに習熟したアスリートなのである。あるとき、本田はこう語っている。

「自分が点を決めて、得点王になってワールドカップで優勝する。そんな絵は、すごいし、理想ですね」※⑫

ただ漠然と描く夢ではない。本気で本田はそう考えている。心理学的に、感情は筋肉と同じように反応して、最も刺激の強い感情が最も強く脳に定着することが証明されているのだ。

ところが残念なことに、ほとんどの人々が「過去の自分の歴史に忠実な人間」として振る舞っている。これほどもったいないことはない。

本田のように、自分が想像し得る最高の理想像を描いて、本気でその実現に努力を積み重ねよう。そうすれば、たとえその夢が実現できなくても、あなたは周囲の人たちをビックリさせるような凄い自分に巡り会えるようになる。

心のタンクを自信で満タンにする

たとえば、ここに二人のサッカープレーヤーがいる。仮にプレーヤーAとプレーヤーBとしておこう。二人の力量はまったく同じであると仮定する。

PKをするとき、プレーヤーAは、「このボールは必ずゴールに入る」と考えて自信満々の表情でボールをキックする。一方、プレーヤーBは「ゴールを外したらどうしよう」と考えて、おどおどした表情で自信なさそうにボールを蹴る。

どちらのプレーヤーの蹴ったボールのほうがゴールを揺らす確率が高いかはいうまでもないだろう。もちろん、好ましいメッセージをつぶやいて自信満々でPKを蹴るプレーヤーAのほうである。

本田はどんなピンチの状況に陥っても、ネガティブなメッセージをつぶやくことはない。常に自分を叱咤激励するメッセージに終始する。

こんなエピソードがある。本田が星稜高校に入学が内定した後、サッカー部監督の河崎護に面会した際、河崎に向かってこう語ったという。

「僕を使ってくれますか？　しっかりとつなぐサッカーができますか？」※⑦

そのときのことを思い出して河崎はこう語っている。

「顔つきは凄く精悍《せいかん》だった。細くて身長も170もなかったんだと思うんだよね。質問をすると返ってくるんだけど、今みたいに言葉数も多くなかった。緊張もあったんだろうしね」※⑦

事実、入学後の練習試合の後で河崎が「難しい体勢になっても正確に蹴れるな」と本田に語りかけたとき、本田からこんな返事が返ってきたという。

「あれくらい普通ですよ」※⑦

その言葉で河崎はちょっと生意気な生徒だと感じたが、こういうタイプは自分のチームにいないから頼もしいとも感じたという。河崎は決して選手を上から押さえつけるタイプの監督ではなく、選手の自主性を重んじて長所を伸ばすという人心掌握術に長けていた。そういう意味で河崎という監督に出会った本田は幸運であったといえる。

ポジティブな発言をするのは、トップアスリートだけの特権ではない。私たちも精一杯好ましいメッセージを発信することができる。しかし、残念ながら本田ほど自信満々のメッセージを語る人間を探し出すのはとても難しい。

多くのアスリートが優勝すれば自信が身につくと考えて、日夜猛練習に励んでいる。しかし、それではいつまで経っても自信なんて身につかない。スキルとして自信が身につく習慣を持続することにより、初めて優勝というご褒美が転がり込んでくるのだ。

もっといえば、結果がどうなろうとも、ふだんから自信の量を心のタンクに満タンにして過ごすスキルを身につけなければならない。

行動の結果が自信を呼び込むのではなく、心の中に蓄えられた自信の量が行動の成否を決定するのである。

本田ほどポジティブな発言をする日本人のアスリートを探し出すのは、とても難しい。しかし、それはあくまでも国内アスリートの中にあってのポジティブであって、海外のアスリートとしては当たり前の発言である。

日本人はまだまだ控え目である。その証拠に、自信満々の発言をすると、「あいつは大風呂敷だ！」とか「黙ってやることに意義がある！」といった異論が唱えられる。しかし、欧米ではむしろ自信満々な発言ほど歓迎される。

日本人と欧米人の意識の違い

あなたは「ストライク」というおなじみの野球用語の意味を知っているだろう。しかし、日本とアメリカではこの意味のニュアンスはやや異なる。日本では「ピッチャーが投げるある領域」を意味する。その証拠に、日本人のコーチは打者に「きわどいコースは見送ってもいいぞ」というアドバイスを与える。

一方、メジャーリーグではこれをバッター側から見ている。実は、ストライクという言葉は本来「ボールをバットで弾《はじ》き返す」という意味である。だから、そこにボールが飛んできたら、バッターは迷わずバットで弾き返さなければならない。

メジャーのコーチは、「空振りしてもいいから、とにかくバットを振れ！」というアドバイスを与える。その領域に飛んできたボールを見送ろうものなら、そのバッターは即刻マイナー落ちの憂き目にあう運命にある。

このように、日本人は相手のミスを待つという消極的な行為を優先させ、欧米人はたとえミスをしてもいいから果敢にチャレンジすることを優先させる。農耕民族の日本人と狩猟民族の欧米人の違いがそこに垣間見える。

積極的にチャレンジし続ければ、人生には運命を左右するチャンスが何度か訪れる。それをつかむか、逃がすか。それでその人間の運命が変わる。

それを象徴する試合のひとつが、２００８年２月に開催されたデルレイビーチ国際テニス選手権である。当時18歳になったばかりの錦織のランクは２４４位。予選を３回勝ち上がって本戦に出場。そして次々に上位の選手を撃破して決勝まで勝ち上がる。決勝の相手は、この試合の第１シードで当時世界ランク12位のジェームズ・ブレーク。

第１セットを３−６で落としたものの、第２セット以降は錦織のストロークが冴えわたり、６−１、６−４と連取してみごとツアー初優勝を飾る。ＡＴＰのツアー優勝は、１９９２年に松岡修造がソウル大会で優勝して以来16年ぶりの快挙である。

試合後の優勝インタビューで、錦織はこう語っている。

「人生で最高のトーナメントにすることができた。予選を含めて9日間で8試合戦ったわけですが、疲れは感じていません。今はとにかくハッピーな気分です」※⑰

負けても、負けても、チャレンジをやめなかった錦織に、神様は大きなプレゼントをしてくれたのだ。

錦織はもともと控え目な人間である。しかし、最近の錦織の言葉を探っていくと、そこからはポジティブ志向がうかがえる。錦織が強気の発言をするようになったのは、やはりチャンコーチの影響を無視することはできない。錦織のコーチに就任してから、チャンは決まり文句を何十回となく執拗に繰り返した。

「スコアじゃない。すべてのポイントに意味がある」とか「自分はグランドスラムで優勝できた。私より才能がある圭がタイトルを取れないわけはない」といったアドバイスは、錦織の心の中に素直に染み入ったはず。

2014年の全米オープンを振り返って、錦織はこう発言している。

「全米のときは、トップ10の選手と何回も試合をして勝っていかないと優勝にはたどり着けないので、1回勝って満足でもないし、それを持続していかないといけないと思ったので。もっと強い気持ちを持たなければいけない、と。誰にでも勝てるという強い思いは、これからもっともっと必要になると思います」※⑯

これからの時代はスポーツ界のみならず、ビジネス界においてもグローバリゼーションがますます加速される。そんな時代にたくましく勝ち残るには、敢えてリスクを冒して果敢にチャレンジするポジティブな発言とそれを裏づける行動が不可欠となる。

自己実現という最高のモチベーター

自己実現は、いまだに最も魅力的なモチベーターのひとつである。小学6年生のとき、錦織は作文を書いている。それを以下に示そう。

ぼくの夢

錦織圭

この六年間で一番思い出に残ったことはテニスで日本一になったことです。練習で一所懸命やった結果が出たと思います。
全国選抜や全国小学生大会、全日本ジュニアの三つの試合で優勝しました。

一試合一試合を「絶対勝つぞ」と思ってやりました。そして「優勝」までいけた時は、すごくうれしかったです。

ぼくはテニスのラリーが長く激しく続くところが好きです。いろいろなコースに打ちわけ、深く打ったり短く打ったりします。チャンスボールがきた時、強いボールを打つのが好きです。決まった時はすごく気持ちがいいです。このショットがいつも打てるように練習していきたいです。（中略）

夢は世界チャンピオンになることです。夢に向かって一歩一歩がんばっていきます。※⑥

小学生のときに抱いた自己実現の志をこれまで片時も忘れずに貫いてきたから、現在の錦織がある。錦織にとってロジャー・フェデラーは憧れのプレーヤー。17歳のときに錦織は、フェデラーのヒッティングパートナーを務めていた。

２０１１年11月は錦織にとって忘れられない日になった。憧れのフェデラーとの初めての対戦が実現したのだ。場所はフェデラーのお膝元スイスのバーゼルで開催されたスイス室内。

錦織は次々に上位選手を打ち破り、準決勝では世界ランク1位のジョコビッチを破り、決勝でフェデラーと対戦。結果は1－6、3－6でフェデラーの圧勝に終わったが、錦織にとっては、抱いていたひとつの夢が実現した瞬間だった。

試合後フェデラーはこう語っている。

「彼はとても俊敏で、今回の大会出場者の誰よりもよくボールに手が届いた。才能があるし、手の動きも速い。そして、自分にできることとできないことをよく見極めている。精神力も強いようだ。集中力が素晴らしい。もうトップ20も近いし、トップ10も夢ではないと思う」

あれから3年の月日が流れ、フェデラーのこの予測はみごとに的中した。自己実現こそ、とても魅力的な、永続的に持続できるモチベーターである。

半世紀以上前に心理学者アブラハム・マズローは5段階欲求説を唱えた。それらは、下位から順番に「生命の欲求」「安全と安定の欲求」「親和・帰属の欲求」「自尊心の欲求」「自己実現の欲求」である（次ページの図表12参照）。

図表12▶マズローの5段階欲求説のピラミッド

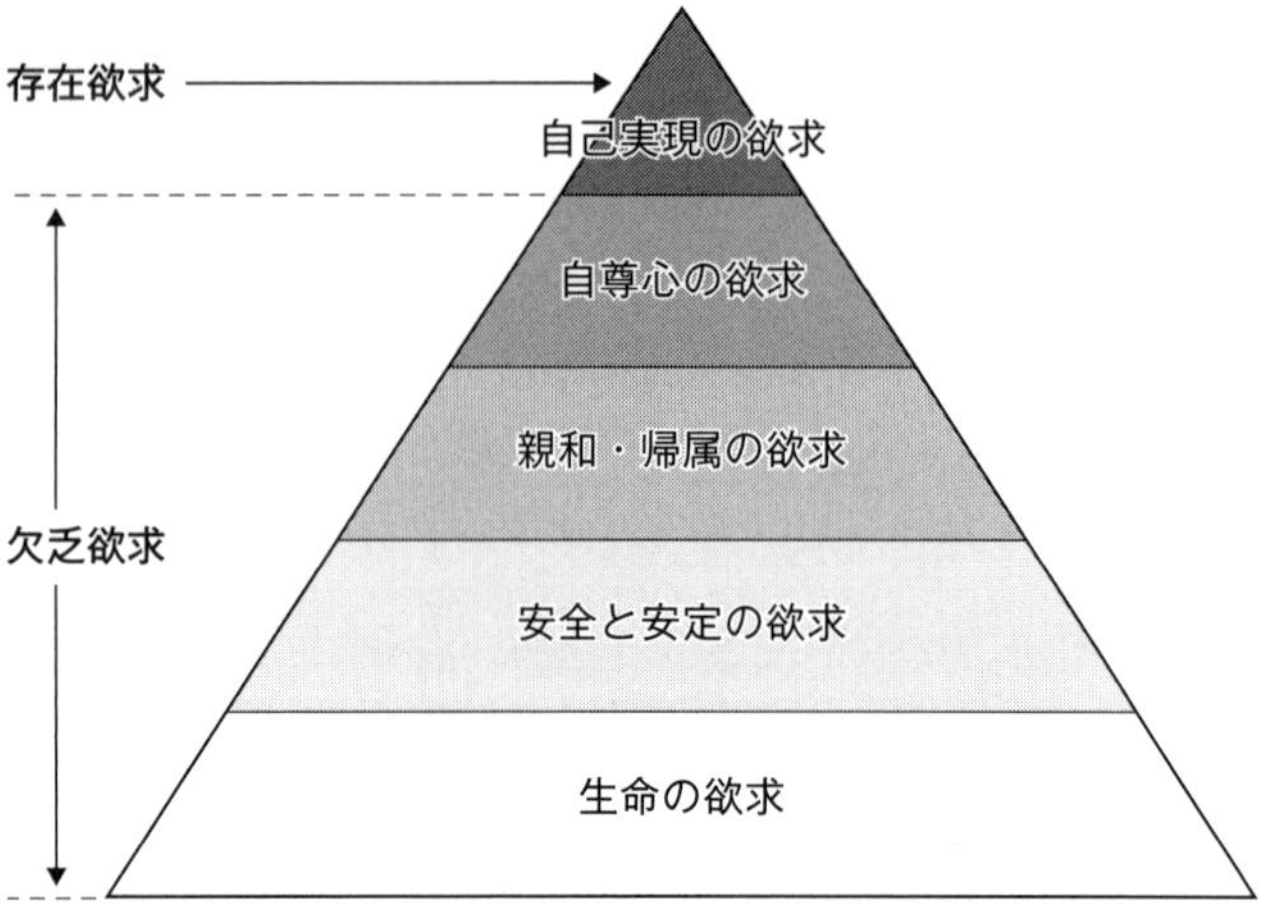

それぞれの欲求は階層を形成し、下位の欲求が満たされるとその欲求は消えて、そのすぐ上の欲求に移行する。そして下位4つの欲求がすべて満たされると、残るは最上位の「自己実現の欲求」のみとなる。

下位4つの欲求はいわゆる「欠乏欲求」であり、それが満たされると自然消滅する。ただし、最上位の自己実現の欲求だけは唯一の「存在欲求」であり、この欲求は私たちが生きている限り半永久的に持続する。

すでに本田も錦織も下位4つの欲求はほぼ満たされている。残るは「自己実現の欲求」のみ。二人にとっての自己実現はたぶん「世界一のプレーヤーになる」というミッションで間違いない。

あなたにとっての自己実現は何だろう？　それを具体的に手帳に書きとめよう。

自己実現とは、人生を賭けて日々最大限の努力を積み重ねて、初めて実現できるような志の高いものでなければならない。もちろん自己実現は歳を取るとともに変化していく。本田にしても、「ジュニアユースで活躍するサッカー選手」から始まって、「レアルで10番を付ける選手」まで、その成長とともに変化している。

あなたにとって好ましい具体的な自己実現を定めることにより、あなたも本田や錦織のように凄い人間の仲間入りができるようになる。

第6章

最善主義を貫いていると、好運が飛び込んでくる

「未来を考える脳」が意志力を育てる

今、心理学で「意志力」が注目されている。本田を一流のアスリートに仕立てたのは、この意志力で間違いない。

本田の高校3年間は、彼にとってそれ以降に飛躍するための土台づくりをした時間だったといえる。高校3年生で彼はキャプテンを務めてチームをまとめ上げただけでなく、年代別代表にも選出され、Jリーグの数チームからもオファーが飛び込んできた。

高校時代を振り返って本田はこう語っている。

「あの頃は本当に燃えたぎっていた。絶対にプロにならないと大阪には帰れない。プロになるために、世界でプレーするためには、高校サッカーでナンバーワンの存在になることが絶対目標だったし、そのためには絶対選手権に出ることしか考えてなかった」※⑧

ただひたすら自分で決めた信念を貫き通して自分の意志力を発揮し、断固とした態度で目の前のやるべきことを実行する。これができたから、本田は一流の仲間入りができたのである。

有名になると、さまざまな誘惑が彼らを襲う。ちょっと成績を上げただけで浮かれてしまい、誘惑に負けて自滅し表舞台から消えていったアスリートは枚挙に暇がない。

ヒトの前頭前皮質の脳に占める割合は、他の動物に比べてはるかに大きい。これがヒトと他の動物との決定的な違いを生み出している。500万年にもわたるヒトの進化の歴史において、脳の大きさは3倍になった。特に前頭前皮質の大きさが6倍になったことは注目に値する。

前頭前皮質は3つの領域に分かれる。まず中央下部に位置する、私が「未来をイメージする脳」と呼んでいる領域である。ヒトだけが未来を考えることができる。ただし、残念ながらほとんどの人たちはそのことに驚くほど無頓着である。

たとえば、タバコが身体によくないという知識を持っていても、この領域があまり機能していないと、未来をイメージする能力が弱いため、目の前にタバコがあれば誘惑に負けて吸ってしまう。

あるいは、いくらダイエットに関するベストセラーを書店で購入して実践しても、3カ月後の自分のスリムなボディをイメージできない人は、三日坊主に終わる運命にある。

錦織がどんな厳しい練習にも耐えられるのは、前頭前皮質が他のアスリートに比べて発達しているからだ。未来のなりたい自分を前頭前皮質の「未来を考える脳」が強烈にイメージしているから、彼はどんな辛い練習にも耐えることができる。

たとえば、チャンがコーチに就任して、初めて錦織に課した練習メニューは以下のようなものであったという。午前中に2時間半、午後2時間のコートでの練習をこなした後、2時間の筋力トレーニング。練習が終わるのは、いつも夜7時を過ぎた。つまり、1日6〜7時間の練習は当たり前だったのだ。

錦織はあまりに厳しい練習のため、部屋に帰るとそのまま倒れ込んで誰とも話せないような日々が続いたという。それを見かねた周囲の人々が、「こんな練習をし続けたら身体が壊れる」と忠告することも珍しくなかった。

もちろん錦織が、このとき初めてこんな激しい日課を経験したわけではない。13歳で単身アメリカに渡ってから、すでに彼はテニス漬けの毎日であり、血の滲むような練習を日々積み重ねていたのだ。これは強い意志なくしては耐えられない。

たとえ、思うように結果が出なくても黙々と厳しい鍛錬に耐えるには、先に述べた前頭前皮質を鍛えることが求められるのだ。

「我慢する脳」と「行動する脳」の綱引き

スタンフォード大学で教鞭をとる著名な心理学者ケリー・マクゴニガル博士はこう語っている。

「意志力は誰にでも生まれつき備わっているはずですが、なかにはとりわけ意志力の強い人もいます。注意力や感情や行動をうまくコントロールできる人は、いろいろな点で優れているようです。まず、何といっても健康で幸せ。パートナーとの関係も良好で長続きします。収入も高く、出世します。

ストレスや争いごとがあってもうまく乗り切り、逆境にもめげません。さらには、寿命も長いのです」

さまざまな誘惑を振り切って決めたことを必ず実行できるから、彼らは一流のアスリートなのだ。もちろん、これは一握りのチャンピオンやトップアスリートだけの特権ではない。その気になれば、あなたも脳のこの領域を鍛えて人生を幸福に導くことだってできる。

ただし、前頭前皮質は「未来をイメージする脳」だけで形成されているのではない。前頭前皮質の上部左側は「行動する脳」であり、上部右側は「我慢する脳」と呼ばれている。「行動する脳」は前頭前皮質の「ゴーサイン」により忠実に行動に移す。ただし、前頭前皮質が誤ってよくない習慣にゴーサインを出してもそれにしたがう。脳全体の司令塔である「未来をイメージする脳」が指示したことに、「行動する脳」は逆らえないのだ。

もちろん、「我慢する脳」も同様である。一度「ストップサイン」が「未来をイメージする脳」から発せられると行動をやめてしまう。つまり、この2つの綱引きにより行動するかやめるかが決定される。

脳は夢を実現することを最優先するから、夢の実現にマイナスの要素だと感じたら、「我慢する脳」が働いてストップすることができ、プラスの要素だと感じたら、「行動する脳」が働いて、辛い作業でも実行できる。

本田にしても、オランダリーグのＶＶＶフェンロに移籍したから、一流への道を駆け上がることができた。当時、本田のような日本代表として国際試合に出場していない選手が欧州に移籍するのは、あまり例がなかった。

当時の名古屋の監督がオランダ人のセフ・フェルホーセンだったことも幸いしたが、フェンロに移籍して、トップ下という本田が望むポジションで経験を積んだことが、後の彼の華麗なキャリアの原点であると私は考えている。そして２０１０年にフェンロからＣＳＫＡへ移籍できたのも、動きの速い、点の取れるアタッカーに彼が変貌していたからだ。

結局、本田のように、夢を叶えるために未来の自分を鮮明に描きながら、そのための行動を果敢にとれるアスリートだけが一流の仲間入りができるようになる。

私は日課カードを作成して、多くのビジネスパーソンの方々に愛用してもらっている（次ページの図表13参照）。前日の夜就寝前に、翌日やるべき日課をこの用紙に記入しよ

図表13▶日課カードをつけてみよう

日課カード

年　　月　　日

私はこの日課を今日中に必ず達成する

1	達成度 %
2	達成度 %
3	達成度 %

反省欄

う。そして翌日の夜、その行動の達成度とその日の反省を記入して、新たな用紙に翌日の日課を記入する。このカードがあなたの意志力を増進して、着実に仕事の成果に貢献してくれる。

完璧主義ではなく、最善主義を貫こう

２０１５年３月２日に男子テニスの最新世界ランキングが発表され、錦織は現行制度では日本勢最高の４位に上がった。世界トップ４の座は、今後の四大大会やツアーで最も格が高いマスターズ大会での第４シード以上に直結する。

それだけでなく、準決勝までジョコビッチ、フェデラーといった世界ランクトップに君臨するプレーヤーとはあたらないため、もしも錦織がこのランクを維持することができたら、主要大会での初優勝をグッと引き寄せることができる。

３月以降は、四大大会とほぼ同じ顔ぶれがそろうマスターズ大会が続く。３月はアメリカのインディアンウェルズとマイアミで開催され、４月からのクレーシーズンはモンテカルロ、マドリード、ローマと続く。

2014年のシーズン、錦織はマイアミでベスト4、マドリードで準優勝と好結果を残した。さらに力をつけた今なら、初のタイトル獲得も現実味を帯びてくる。しかし、錦織は「(ランキングは)上がったり下がったりするもの。1年を戦った後(の順位)が大事」と、世界ランキングにはいたって無頓着である。

少なくともランキングは、自分でコントロールすることはほとんど不可能である。心理学の法則に、「自分がコントロールできない要素に過剰反応してはならない」というのがある。自分がコントロールできるプレーだけを洗練させることに全力を注ぐ。これこそ一流人が行なっている成功方程式である。

今、心理学で「ポジティブ心理学」が注目を集めている。錦織は、この心理に熟知したアスリートである。同じピンチの状況でも、モチベーションを上げて前向きに生きる人間と、モチベーションを落として挫折するだけの人間がいる。

今までこれは、その人間の持つ先天的な性格の違いによるものと説明されてきたが、どうやらその理論は覆《くつがえ》される運命にある。意識さえ変えれば、誰でも後者から前者に移行できるというのである。

いうなれば、前者はプロセス志向の傾向が強い最善主義者で、後者は結果に大きく反応する完璧主義者である。

完璧主義者は常に目標を達成しないと気がすまない。言い換えれば、よい結果のときは問題ないが、よくない結果に終わると、それを引きずる。

完璧主義者は浮き沈みが激しい。だから常に感情的に不安定であり、心の中に不安や恐怖を抱えている。それだけでなく、たとえ目標を達成しても、「もっと高い目標を設定して頑張らねば……」と考えてしまい、常にストレスを抱えながら生きる運命にある。

このタイプの人間は現状に常に不満を持っており、「もっと、もっと」や「……ねばならない」が口癖である。それだけでなく、完璧主義者は常に未来の夢を描くだけで現実を疎《おろそ》かにするから、なかなか成長していくことができない。

一方、最善主義者は現実をしっかりと受け止めて、現状でベストを尽くすことに生きがいを見出せる。目の前の作業をするその瞬間を楽しめるから、結果がどんな形になろうと後悔しない。

もちろん、最善主義者も完璧主義者に優るとも劣らない野望を持っているので、現実にしっかりと足元を固めながら、着実に成長していける。このことに関していえば、錦織同様本田も典型的な最善主義者である。

たとえば、本田の高校3年間は、彼にとってそれ以降の飛躍する土台づくりをした時間だった。高校3年生でキャプテンを務めてチームをまとめ上げただけでなく、年代別代表にも選出され、Jリーグの数チームからもオファーが飛び込んできた。

高校時代を振り返って本田はこう語っている。

「高校生のときは本当にハングリーだった。特に高1は、いろいろな意味で一番伸びた時期かもしれない。挫折した自分を盛り返すために毎日必死にやっていいた。河崎先生からは『君のいいところを思い切り出していってほしい』とよく言われたし、本当に俺をしっかりと見守ってくれた。チームメートにも恵まれて、いろんな意味でベストな状況を周りが作り出してくれた。もう一回自分を盛り返すことができた3年間だった」※⑧

常にベストを尽くすことの大切さを説いた河崎の導きにより、本田はとびきりの最善主義者の仲間入りをしたのだ。

完璧主義者は常にゴールまでの最短距離のイメージを描く理想主義者であるが、最善主義者は常に遠回りすることを想定できる現実主義者である。もちろん、イチローも典型的な最善主義者。あるとき、彼はこう語っている。

「近道はもちろんしたいです。簡単にできたら楽なんですけど、でもそんなことは、一流になるためにはもちろん不可能なことですよね。一番の近道は、遠回りすることだっていう考えを、いまは心に持ってやってるんです」

完璧主義者は往々にして挫折や逆境を認めようとしないが、最善主義者は夢を叶えるためには、挫折や逆境は必然であり、むしろそれらが自分に飛躍のヒントを与えてくれる必須要素であると考えている。

だから当然のことながら、完璧主義者は逆境耐性に欠けており、ちょっとしたピンチに見舞われるだけで、「こんなはずじゃなかった……」と考え、簡単に挫折してしまい、立ち上がれなくなる。

このことに関して、著名な心理学者であるシェリー・カーソン博士とエレン・ランガー博士はこう語っている。

「コースから外れるのは必ずしも悪いわけではなく、そうしなければわからないような選択や教訓をもたらしてくれる」

もちろん、100%完璧主義の人もいないし、100%最善主義者の人間を探すのも不可能である。私たちは多かれ少なかれ、この二面性を持っている。

しかし、人生とは、今この一瞬にしか存在しない。目の前の一瞬を精一杯、自分のできる範囲でベストを尽くす。目の前の一瞬一瞬を楽しみながら、かつ精一杯ベストを尽くして生きる姿勢を、私たちは本田や錦織から学ぶことができる。

運を引き寄せるものは何か

人生に運はつきもの。よく「努力は裏切らない」というが、私はその考えに同意しない。努力はしばしば裏切るのだ。ただ漫然といくら努力を積み重ねても、「なりたい自分」を鮮明に描かない限り、その努力は決して報われることはない。

どうしてもたどり着きたい「なりたい自分」があるから、私たちは頑張れる。そして「なりたい自分」に向かって黙々と努力を積み重ねていれば、必ずその努力は実を結ぶ。

2005年3月、本田は星稜高校を卒業して名古屋グランパスに加入するが、もちろんそこがゴールではなかった。彼の心の中には、「できるだけ早く海外のチームに所属して活躍したい！」という思いがあったという。

その証拠に、名古屋加入時の契約の条文の中には、本人の希望により「オファーがあれば海外クラブへの移籍を認める」という条項が盛り込まれていたという。

そして、開幕戦から先発出場してアシストを決め、翌年にはレギュラーに定着した。同じタイミングでジュビロ磐田から名古屋に移籍してきた藤田俊哉は、当時の本田についてこう語っている。

「そんなに驚きはなかった。際立《きわだ》ってうまいわけじゃなかったし、そんなに動かなかったし、スルーパスもドリブルも大して出さなかったから。だけど力強さはあった。左足のキックがすごかった印象も強いね。能活《よしかつ》（川口）相手にすごいFKを直接決めたりしていたし。明確な武器を持っていたのは、大きな強みだったんじゃないかな」※⑧

本田は2008年1月にオランダリーグのVVVフェンロに移籍する。2006年に名古屋の監督に就任したセフ・フェルホーセンがオランダ人だったことも本田に幸いした。彼がいたからこそ、本田は海外移籍を成し遂げることができた。それまでの海外移籍は、すでに日本代表として実績のある選手だけの特権だったから、まさに本田はそのルールを初めて覆した選手であるといえる。

実績がなくても、「なりたい自分」を描いて努力を積み重ねれば、海外移籍の門だってこじ開けることができることを本田はこの移籍で示してみせた。

錦織も同様である。全国選抜ジュニアテニス選手権の決勝で松岡修造の目に止まっていなければ、現在の錦織はない。松岡が主宰する「修造チャレンジ」のメンバーとして、錦織は2001年6月から2003年4月まで7回合宿に参加している。そこでテニスのレベルアップだけでなく、海外で活躍するための基本的な物の考え方を植えつけられた。

修造チャレンジでは松岡のアドバイスだけでなく、世界的な名コーチで、あのボリス・ベッカーやゴラン・イワニセビッチをチャンピオンに育てたボブ・ブレットから、世界で活躍するための心構えを徹底的に叩き込まれた。そういう意味で、松岡の目に止まった錦織は幸せ者である。

強い思いが人との出会いを引き寄せる

あるいは、ソニーの副社長であった盛田正明が2000年に立ち上げた「盛田ファンド」がなければ、現在の錦織はない。

盛田はソニーの副社長などを務めた後、70歳で退職。その後、日本から世界で活躍するテニスプレーヤーの経済面のバックアップをするため、私財を投じて2000年6月に「盛田正明テニス・ファンド」を立ち上げる。

その4期生として、錦織はニック・ボロテリー・テニスアカデミーに参加するため、単身で渡米。実は2014年の全米オープンの際、決勝戦に盛田のスケジュールが合わず、錦織の雄姿を見ることができなかった。試合後、錦織はこう語っている。


「（盛田さんには）本当に一番感謝しています。次、優勝するのを見てもらうために、今日は負けました（笑）」※⑥

話をもとに戻そう。2003年3月に開催された第4期生選考会をパスし、晴れて2003年9月、13歳9カ月になっていた中学2年生の錦織は、単身日本を離れてニック・ボロテリー・テニスアカデミーに入る。

実は私は、ニック・ボロテリーのテニスアカデミーに何回も日本のジュニアを帯同したことがある。私自身ボロテリーとも親交があり、彼が日本に来てテニスセミナーを開催したときは通訳も務めた。

ここで、ニック・ボロテリー・テニスアカデミーについて簡単に触れておこう。フロリダ州ブラデントンにあり、プロテニスコーチのニック・ボロテリーが、１９７２年に創立した一大テニスアカデミーである。

その後このアカデミーは、世界最大のスポーツマネジメント会社であるインターナショナル・マネジメント・グループ（ＩＭＧ）によって買収される。ＩＭＧはテニス以外にもゴルフ、サッカー、野球、バスケットボールなどの部門を増設して、一大スポーツ養成学校へと成長する。

アカデミー出身のプレーヤーは、ピート・サンプラス、マリア・シャラポワ、アンドレ・アガシといった四大大会のチャンピオンなど枚挙に暇がない。そこで徹底的に揉まれたからこそ、錦織は飛躍できた。

アカデミーの授業料は年間３万６０００ドル（約432万円）、敷地内の寮に住むと５万ドル（約６００万円）。このほか学校の授業料もいる。たとえば高校の場合は１万７０００ドル（約２０４万円）。日本円にして総額約８００万円。奨学金が打ち切られると、アカデミーを去る子も少なくない。
もしも盛田ファンドがなければ、錦織は日本の高校に進学してプレーしていたはずだ。そういう道をたどっていたら、おそらく日本を代表する選手にはなったかもしれないが、世界のトップ10に入るようなプレーヤーにはなれなかったに違いない。
本田と同じように、錦織も「なりたい自分」を鮮明に描いて努力を積み重ねたから、人との出会いがあり、それが夢の架け橋になった。「なりたい自分」に向かって一心不乱に努力を続けていると、必ず誰かが声をかけてくれる。

あなたにとって10年後の「なりたい自分」はどんな人物像だろう。それを鮮明に描いて、その夢を実現するために必要な努力を積み重ねよう。

それだけでなく、自分の夢を周囲の人たちに積極的に語り続けよう。そうすれば、そのゴール実現に不可欠な人が必ずあなたに声をかけて、その夢の実現の手助けをしてくれる。

選手の才能を開花させるリーダーシップとは

本田に象徴されるように、図抜けたトップアスリートはときとしてリーダーにとって尖《とが》った存在であり、使いづらい部下でもある。

本田のキャリアを振り返ったとき、W杯南アフリカ大会の日本代表チーム監督、岡田武史との関係を語らないわけにはいかない。2010年6月に開催されたこの大会で、本田は4試合にフル出場。グループリーグのカメルーン戦とデンマーク戦でそれぞれ得点をあげ、勝利に貢献している。

岡田は、常に平等に選手を評価する自分軸を持っている。それは本田に対しても同様である。もうずいぶん前になるが、監督業の辛さについて岡田はこう語っている。

「人間、誰でも、みなにいい人だと言われたいし、好かれたいものだが、この仕事はそう思ったらできない。外国人監督なら自分の国に帰ってしまえば終わりだが、日本人監督はそうはいかない。この狭い日本で生きていくこと

を考えると『いい人』であったほうが楽かもしれない」

岡田は選手の結婚式の仲人《なこうど》もしたことがないし、個別の選手と飲みに行くこともない。つまり、平等を貫くために反する行為を一切、岡田はしない男なのだ。

実は岡田ジャパンのW杯予選で、本田はほとんど出場機会がなかった。それは、サッカーファンをして、「岡田の構想から本田は外れている」という思いを抱かせるほどであった。

本大会の3カ月前に代表チームは、アジアカップ予選をバーレーンと戦っていた。その1カ月前の東アジア選手権で韓国に惨敗していた岡田ジャパンは、ある意味この試合で窮地に立たされていた。

前半を終え1－0で日本がリード。主力選手を欠いたバーレーンにこのまま辛勝したら、再びファンからのブーイングが巻き起こる状況にあった。この試合トップ下で起用された本田が、後半ロスタイムでだめ押しの2点目のゴールを決めた。試合後、岡田はこう語っている。

「本田が点を取ってくれたことは、我々にとっても非常に大きかった。なぜなら彼に期待しているところは得点力。彼が点を取ったということは、ほかの誰が取るよりも我々にとってはうれしいことだと思っています」※⑧

まさに本田はこの試合で、岡田ジャパンの救世主になったのである。このバーレーン戦以降、本田はチームの軸としてW杯最終戦までの全試合で先発出場することになる。

特に大会直前になって岡田は、それまで経験のないセンターフォワードに本田を抜擢。岡田が本田を「1トップ」に据えたのは、日本のサッカーファンにサプライズとしてとらえられた。

上司の仕事は決断することにある。それが正しいか間違っているかはあくまでも結論。リーダーなら、まったく前例のない出来事に対しても直観を精一杯働かせて、即断を繰り返していかねばならない。そのことについて、岡田はあるときこう語っている。

「考えに考え抜いても論理や理屈では結論は出ない。それでも決断しないといけない。誰にも頼ることはできません。監督は孤独な職業なのです」

この岡田の期待に応えるように、本田はグループリーグ初戦のカメルーン戦で決勝点をあげ、ＦＩＦＡ選定の「マン・オブ・ザ・マッチ」に選出される。第3戦のデンマーク戦でもフリーキックで先制点をあげ、岡崎慎司へのアシストも記録し、日本代表の決勝トーナメント進出に貢献する。この試合でも「マン・オブ・ザ・マッチ」に選出された。

本田は、決勝トーナメント1回戦のパラグアイ戦では強烈なミドルシュートを放ったものの、ＰＫ戦のすえ、日本代表は敗れた。しかし敗戦チームからは異例の今大会3度目となる「マン・オブ・ザ・マッチ」に選出された。

カメルーン戦で本田はボールをゴールに押し込んだ後、真っ先にベンチの控えのメンバーに向かって突進していった。その光景をテレビで観戦していた星稜高校サッカー部の恩師・河崎護はこう語っている。

「アイツの自己主張には我がままなところがないんですよ。だから昔からみんなに可愛がられるところがあるし、それはあのチームのみんなも分かってたんじゃないですかね。ただ岡田さんだったからこそ、本田の良さを引き出

してくれたような気がします」※⑧

初戦のカメルーン戦を1－0で勝利した後、岡田が本田を笑顔で迎えてその両腕でしっかりと抱きしめたことをテレビカメラは見逃さなかった。本田にしても、自分を使ってくれた岡田の期待に応えるためにこのゴールが生まれたといえなくもない。

図表14（170～171ページ）に本田のこれまでの国際試合におけるゴールを示す。プロの集団にとって、求められるのは結果のみ。リーダーが「チームを勝利に導く」というミッションを繰り返しメンバーに与えておけば、そこに「阿吽《あうん》の呼吸」が働いて、メンバーは結果を出すために全力投球してくれる。

リーダーの期待とメンバーのそれに応える奮起が融合したとき、それは大きな成果として形に現われる。

サッカーW杯南ア大会1次リーグ、日本―カメルーン戦。決勝点を決めた本田と抱き合う岡田監督。
〈写真提供：共同通信社〉

勝敗	試合概要
○4-0	キリンカップサッカー2009
○2-0	キリンチャレンジカップ2009
○5-0	
○2-0	AFCアジアカップ2011予選
○1-0	2010FIFAワールドカップ
○3-1	
○2-1	AFCアジアカップ2011
○3-0	キリンチャレンジカップ2011
○3-0	2014FIFAワールドカップ·アジア4次予選
○6-0	
○3-0	キリンチャレンジカップ2013
△1-1	2014FIFAワールドカップ·アジア4次予選
●3-4	FIFAコンフェデレーションズカップ2013
●2-4	キリンチャレンジカップ2013
○3-0	
○3-1	
△2-2	国際親善試合
○3-2	
○4-3	
●1-2	2014FIFAワールドカップ
○6-0	キリンチャレンジカップ2014
○4-0	AFCアジアカップ2015
○1-0	
○2-0	
○2-0	キリンチャレンジカップ2015

	国際Aマッチ	
年	出場	得点
2008	1	0
2009	10	3
2010	12	3
2011	8	2
2012	9	4
2013	12	8
2014	13	4
2015	6	4
通　算	71	28

図表14▶本田選手の代表チームでのゴール一覧（2015年3月末現在）

	開催年月日	開催地	対戦国	ゴール数
1	2009年 5月27日	日本、大阪	チリ	1
2	2009年10月10日	日本、横浜	スコットランド	1
3	2009年10月14日	日本、宮城	トーゴ	1
4	2010年 3月 3日	日本、豊田	バーレーン	1
5	2010年 6月14日	南アフリカ、ブルームフォンテーン	カメルーン	1
6	2010年 6月24日	南アフリカ、ルステンブルク	デンマーク	1
7	2011年 1月13日	カタール、ドーハ	シリア	1
8	2011年 8月10日	日本、札幌	韓国	1
9	2012年 6月 3日	日本、さいたま	オマーン	1
10 11 12	2012年 6月 8日	日本、さいたま	ヨルダン	3
13	2013年 2月 6日	日本、神戸	ラトビア	1
14	2013年 6月 4日	日本、さいたま	オーストラリア	1
15	2013年 6月19日	ブラジル、レシフェ	イタリア	1
16	2013年 8月14日	日本、宮城	ウルグアイ	1
17	2013年 9月 6日	日本、大阪	グアテマラ	1
18	2013年 9月10日	日本、横浜	ガーナ	1
19	2013年11月16日	ベルギー、ヘンク	オランダ	1
20	2013年11月19日	ベルギー、ブリュッセル	ベルギー	1
21 22	2014年 6月 6日	アメリカ、タンパ	ザンビア	2
23	2014年 6月14日	ブラジル、レシフェ	コートジボワール	1
24	2014年11月14日	日本、豊田	ホンジュラス	1
25	2015年 1月12日	オーストラリア、ニューカッスル	パレスチナ	1
26	2015年 1月16日	オーストラリア、ブリスベン	イラク	1
27	2015年 1月20日	オーストラリア、メルボルン	ヨルダン	1
28	2015年 3月27日	日本、大分	チュニジア	1

第7章

執着力を身につければ、あなたにゾーンが訪れる

失敗したときの態度が成否を分ける

和英辞典で、失敗を探すと、「mistake」という英語が出てくる。これでは後ろ向きの考えになってしまう。当然、失敗をしたくないから行動を躊躇してしまう。こういう人が成長していくのはなかなか難しい。

失敗はむしろ「challenge」という英語がふさわしい。失敗すればするほど、私たちは成長していける。著名な経営学者ピーター・ドラッカーはこう語っている。

「立派な人物ほど、数多くの失敗を重ねている。それだけ何度も新しいことに挑戦したということだ。失敗しない人を、私は決してトップレベルの職に昇進させたりしない。失敗しない人など凡庸な人間に決まっている」

チャンピオンは失敗すればするほどモチベーションを上げて、果敢に次のチャレンジを仕掛けていく。一方、並のアスリートは一度失敗しただけで挫折感に苛まれ、元気をなくしてしまうからチャレンジをやめてしまう。結局このアスリートは、私たちの知らないうちに表舞台から姿を消す運命にある。

実は、人間だけが未来を考えることができる。チャンピオンはたとえうまくいかなかったとしても、自分の未来に期待できるから頑張れる。たとえ現在はピンチの真っ只中にあっても、未来を見据えてピンチを乗り越えた自分の姿を脳裏に描けるから、モチベーションを落とさずに頑張れる。

一方、並のアスリートは目の前のことしか考えず、ピンチのシーンだけが脳裏を覆い尽くしているからモチベーションを落としてしまい、頑張ることをやめてしまう。

確かに順風満帆は私たちに幸福感を与えてくれるかもしれないけれど、そこから学ぶことはほとんど存在しない。一方、逆境の中には飛躍のヒントがたくさん潜んでいる。だから失敗を大歓迎して、それを飛躍に結びつけよう。

錦織のライバルであるプロテニスプレーヤー、スタニスラス・ワウリンカの左腕には刺青《いれずみ》が入っている。そこには「Ever tried. Ever failed. No matter. Try Again. Fail again. Fail better.（やることとなすこと、何もかもうまくいかなかったとしても、気にすることはない。またやって、また失敗すればいい。前より上手に失敗すればいい）」という文字が書き込まれている。

これはノーベル賞作家であるサミュエル・ベケットの言葉である。数年前までのワウリンカは、試合中ちょっとうまくいかないことがあるだけでラケットを投げたり、感情を爆発させて集中力をなくし、大事な試合を落としていた。

しかし、2013年の全米オープンからワウリンカは変わる。プレーがうまくいかなかったとき、自分の左腕のこのメッセージを確認する習慣をつけた。そして2014年全豪オープンで、念願のグランドスラムのタイトルを獲得したのである。

リーダーシップ論の権威であるジョン・マクスウェルは失敗の定義をしている。それを以下に示そう。


失敗とは、人生にフィードバックを与えるメッセージである。

失敗とは、反省し、考える時間を与えるための中断である。

失敗とは、正しい道を示す道標である。

失敗とは、人間としてさらに成熟するための試練である。

失敗とは、チャレンジを続けるための覚醒である。

失敗とは、次のチャンスへの扉を開ける鍵である。
失敗とは、まだ行ったことのない場所へ誘《いざな》う探検である。
失敗とは、われわれの成長と進歩に対する評価である。

ピンチに遭遇したとき、この言葉を噛《か》みしめよう。失敗のとらえ方を変えて、失敗を歓迎して、それを乗り越えるための行動を起こせば、元気が出てくる自分を発見できるようになる。

「継続」よりも「変化」が人を進化させる

目の前に「変化」と「継続」という別れ道が現われたとき、人間という動物はよほどのことがない限り継続を選択するようだ。たとえ変化が自分に幸運をもたらしてくれるかもしれないという予感が心の中に存在したとしても、よほどのことがない限り、私たちは継続を選択してしまう。

なぜ変化よりも継続を選ぶのか？　その第一の理由は、変化は継続に比べてエネルギーを要するからだ。もしも習慣と意志が相反するとき、ほとんどの場合、習慣が勝利を収める。

たとえば、毎朝午前7時に起きる習慣が身についているあなたが、一念発起して「よし、明日の朝から午前6時に起きてジョギングをするぞ！」と宣言したとする。このとき、「今までどおり午前7時に起きる」というのが習慣であり、「午前6時に起きてジョギングをする」というのが意志である。

たとえ朝起きてジョギングすることが健康によいという事実があっても、たぶんあなたはせいぜい2、3日続けた後、元どおりの午前7時起きの生活に戻る確率が高い。

あるいは、車にたとえればわかりやすい。習慣はオートマチックモードであり、意志はマニュアルモードである。本来脳は、操作が面倒なマニュアルモードよりも、楽なオートマチックモードのほうを選択するようにできている。理屈云々ではなく、脳はそのようにできているのだ。

海に氷山が浮かんでいるシーンを思い浮かべるともっとわかりやすい。意志は風であり、習慣は海流、そしてあなたの行動が氷山の動きである。風向きと海流の向きが相反するなら、間違いなく氷山は海流の向きにしたがう。

ところが本田のような一握りのトップアスリートだけが、果敢に変化することに挑戦するというマニュアルモードを選択する脳を持っている。そういう脳を先天的に持っているというよりも、そういう脳に育てる努力をしてきたというほうがあたっている。

あるとき、本田はこう語っている。


「恐さといえば『それを実現できないかもしれない』という恐さよりも、『目標をデカく持てなくなるんじゃないか』ということの方が、恐れていますね」※⑱

この言葉からも、本田が果敢にリスクを恐れず変化を求めていくチャンピオンの資質を持っていることがよくわかる。残念ながら、多くの人々は、「できない」というリスクを恐れるあまり、達成確率の低い壮大な夢を遠ざけてしまう。

確かに変化は不快な感情や不安を呼び起こす。行動しないで現状維持というのは、とても居心地がよい。しかし、そんな了見ではいつまで経っても成長できない。

2012年10月、日本対ブラジル戦の後、本田はこう語っている。

「（何事も）気づいただけじゃアカンし、イメージしないとアカン。繰り返しね。そこに到達するための逆算方程式で、何をしなきゃいけないかのトレーニングをプランニングして、それを実践する行動力が必要になってくる。そして、そのための行動が何よりも難しい作業になる。すべてのものを犠牲にして、すべての時間を犠牲にしてトレーニングに費やすことができるのか。食べたいものを我慢して食べないといけないものを食べる勇気があるのかとか。（中略）あくまでも勝利への執念というか。自分の目標のためには当たり前のこと」※⑲

現状維持を打破して、敢えて不快な状況に身を置くことの大切さを本田は誰よりもよく知っている。

快適領域にしがみつくほど成功から遠ざかる

自分の両手を組み合わせてみよう。あなたの親指はどちらのほうが上にあるだろうか。その組み合わせた感覚にしばし意識を集中させてみよう。次に、今、下にあった親指が上になるように手のひらを組み替えてみよう。すると、なんとなく居心地の悪い不快な感覚になることに気づくはず。

前者の感覚がふだんの習慣に根づいた行動を象徴している。この居心地のよい心理状態を、心理学的には「コンフォートゾーン（快適領域）」と呼んでいる。多くの人々がこの快適な心理領域に安住することを選択して人生を終える。

もちろん、後者の感覚は行動を変化させたときの居心地の悪い感覚を示している。多くの人々が不快な感覚よりも快適な感覚を優先させるのは自然の成り行きである。しかし、一握りの本田や錦織のような一流のアスリートは、この不快な感覚を好む。その不快さの向こうに壮大な夢が待ち受けていることを知っているからだ。大多数の人々はそれが見えないから、簡単にその不快な領域を避ける。

私の大好きな欧米における言い伝えがある。

「コンフォートゾーンとは、豪華に装飾された棺《ひつぎ》のようなものだ。そんなところに居続けると、待っているのは死だけである」

不快という感情には、成長や発展という言葉が似つかわしい。一方、快適という感覚には、停滞や安住という言葉がふさわしい。

そのことについて、雑誌のインタビューで本田はこう語っている。

「自分がイメージする自分というのは、だいぶ先を走っているんでね。それに追いつこうとするには、ちんたらやってられない。強引なことをしていかないと。それがオレにとっては監督への主張になる。まあ誰しも、理想とする自分に追いつけない自分がいるんじゃないかなと。逆に現実の自分が先に行っている人がいたら聞いてみたい。そんな人はどれだけ目標が低いねんって」※⑳

たった一度限りの人生である。リスクを冒して行動するという不快な感情を楽しもう。

今まで体験したことのない行動をしているときの不快な感情を楽しむことこそ、あなたを一流人に仕立ててくれるはずだ。

自転車に乗れない人は、初めて自転車に乗れたときのあの言いようのない奇妙な感覚を知らない。あるいは泳げない人は、初めて泳いだときのあの未知の感覚を味わえない。新しい才能を身につけるためには、必ずその不快な感覚を体験し、乗り越えなければならない。

長年、アメリカの連邦議会議員を務めたことのあるエド・フォアマンはこう語っている。

「勝者とは、敗者が実行して不快に感じられる行為を実行し続けてきた者である」

リスクを恐れることなく、敢えて不快な新しい行動にチャレンジしてみよう。新しい世界があなたを待っている。

「心」と「技」を支えるのはあくまでも「体」

執着力こそ一流のアスリートの共通点。２０１４年の錦織の全米オープン準優勝の後、マスメディアは彼を「メンタルモンスター」と書き立てた。接戦になると、たとえビッグ4でも互角に戦える。その賢明な戦術と集中力を切らさない粘り強さがこの形容を生み出した。

２０１４年11月にロンドンで行なわれたＡＴＰワールドツアー・ファイナルズは、年間成績上位の８名だけが参加できるシーズン最終戦。日本人選手として初めて錦織はこのトーナメントに参加する。まさに「メンタルモンスター」の真価を発揮して錦織は大活躍。

このトーナメントの参加者への待遇が凄すぎる。彼らの宿泊先に選ばれたのは旧ロンドン市庁舎の中にある5つ星ホテル、ロンドン・マリオット・ホテル・カウンティ・ホールのテムズ河に面したスイートルーム。出場するだけで15万５０００ドル（約１８００万円）が支払われる。１勝すればさらに15万５０００ドルが支払われる。完全優勝すれば、２０７万５０００ドル（約2億４０００万円）が得られる。

錦織は一次リーグB組で2勝1敗で準決勝に進出。準決勝の対戦相手は世界ランク1位のジョコビッチ。残念ながら1－6、6－3、0－6で敗れたが、この最終戦で錦織は有終の美を飾ってシーズンの幕を閉じた。

「心・技・体」は使い古されたアスリートの心構えではある。私はこれを「体・技・心」と呼んでいる。この3つの要素が万全であって、初めて執着力というものが生み出されるわけだが、まず土台にあるのが「体」である。

いくら技と心が秀でていても、身体が満足でなければ、勝利どころか競技の舞台に立つことすらできない。

錦織のライバルの一人はフェレールで間違いないだろう。残念ながら、2015年に開催されたメキシコ・オープン決勝で錦織は3－6、5－7で敗れたが、これまでの戦績は7勝3敗と錦織がリードしている。事実、メキシコ・オープンで敗れるまで、錦織はフェレールに5連勝している。

現在、ランキングのトップ10の選手で、身長180センチに満たないプレーヤーは錦織

（１７８センチ）とフェレール（１７５センチ）の二人だけ。したがってこの二人はサービス力では他のトップ10の選手に劣るため、ストローク力に活路を見出している。

そのため、この二人が対戦すると延々とラリー戦になる。言い換えれば、二人のゲームは体力の消耗戦であるといえる。

二人の対戦で特筆すべきは、２００８年の全米オープンである。当時世界ランク4位だったフェレールに錦織は3回戦でぶつかる。出足から錦織は好調で、ストローク戦で優位に進め、最初の2セットを6－4、6－4で取る。

しかし、第3セットになると、フェレールのストロークが安定し始め、3－6、2－6で連取され、ゲームはファイナルセットへ。5－3アップで最初のマッチポイント。しかし、フェレールのダウン・ザ・ライン（ストレート）のエースを取られる。そして6－5リードでの2本目のマッチポイントも逃す。

そして迎えた3本目のマッチポイントで、錦織は得意のダウン・ザ・ラインのフォアハンドストロークを打ち込んでゲームを勝利に導く。錦織にとって初めてのグランドスラムベスト16入りの記念すべき試合となった。試合後、錦織はこう語っている。

「緊張で手が震えていて、チャンスボールがきて一瞬『やばいな』と思ったけれど、『打たないと決まらないし、打っていこう』と思った」※⑰

結局、スポーツの世界では、接戦になったとき、体力の優劣で勝負が決まることをしっかりと理解して、ただひたすら体力の鍛練に励むことが求められる。

過酷さに負けない者だけが生き残る

錦織にとってこれまでだけでなく、これからの最大の敵はジョコビッチでもフェデラーでもない、ケガである。間違いなく現在のプロテニス界は、最も身体的に過酷な競技種目のひとつである。

コートを全速力で走り回りながら、ハードヒットを繰り返すポイントが延々と続く。２００ポイント以上２時間の試合は当たり前。２０１４年の全米オープンでは、４回戦の対ラオニッチ戦が３５６ポイント４時間19分。続く準々決勝におけるワウリンカ戦でも、３５８ポイント４時間15分の連戦を錦織はしのいだ。

毎週世界のどこかでテニストーナメントが開催され、選手の身体は極限まで痛めつけられる。技術のぶつかり合いの前にどちらのプレーヤーのほうが強固な肉体を保持しているかが問われるのだ。

図表15（190〜191ページ）はテニスツアーのシステムを示している。2009年より四大大会を頂点に、ATPマスターズ1000、ATP500、ATP250の4段階で格付けされている。そして図表15に示されたそれぞれのトーナメントで定められた獲得ポイントがプレーヤーに与えられる。

ツアーに出場できるポイントを持たないプレーヤーは、ATPチャレンジャーとその下部にあるITFが主催するフューチャーズに出場してポイントを積み重ねていくしかない。

実は錦織は、2014年のサーキットでATPマスターズ1000の3大会を欠場している。2014年5月に開催されたローマ・マスターズはふくらはぎの故障、そして8月のカナダ・マスターズとシンシナティ・マスターズは足の親指の膿疱《のうほう》除去手術により出場は叶わなかった。

ATPのルールでは、トップ選手たちは四大大会と、ATPマスターズ1000の8大会への出場義務があり、ATPランキングは1年間に出場した上位18大会の累計獲得ポイントで決まる。

錦織は前出の3大会を欠場したため、15大会分しかポイントがカウントされていない。つまり、もしも年間を通してこれらのマスターズ1000のすべての大会に出場していれば、錦織のランキングはもっと早く上昇していた可能性があるのだ。

現在のポイントシステムでは、コート上で全力で戦う前に、賢明な大会の選定が求められる。1年を通してすべての大会を全力で戦うことは、ジョコビッチやフェデラーでもまったく不可能。身体が持たないのだ。

実際、大会に優先順位をつけ、体力回復に充《あ》てるオープンウイークを効果的に設定することが、ケガなくポイントを稼ぐために不可欠なのである。特にトップ10の選手たちに多くの義務が課される現行のシステムでは、彼らの出場大会は増え、必然的に試合数も多くなって身体への負担も多くなる。そうなると、ルールに則《のっと》ったうえで、コートサーフェス（コート面の材質）の得手不得手に応じて、勇気を持って大会をスキップすることが生き残る大きな要素となる。

【2014男子ツアーの仕組み】

グランドスラムを頂点に７段階のレベルで争われる

◉**Grand Slam**（グランドスラム）
全豪、全仏、ウィンブルドン、全米オープンの世界四大大会。
ATPツアーとは別にITF（国際テニス連盟）の管轄となるが、賞金総額、優勝ポイントがATPツアーで最も高い。

◉**World Tour Finals**（ワールドツアー・ファイナルズ）
年間上位８名によって争われるシーズン最終戦。今年もロンドンで開催される。

◉**World Tour Masters 1000**（ワールドツアー・マスターズ1000）
ATPワールドツアーの最高峰に位置づけられる大会。賞金総額は平均400万ドルで、優勝獲得ポイントは1000点。

◉**World Tour 500**（ワールドツアー500）
マスターズの次に位置する選ばれた大会。賞金総額は平均100万ドル以上。楽天ジャパンオープンはここに属する。

◉**World Tour 250**（ワールドツアー250）
賞金総額が40万ドル以上の選抜された大会。

◉**Challenger Tour tournament**（チャレンジャーツアー・トーナメント）
主にランキング100～200位の選手が出場。

◉**Futures tournament**（フューチャーズ・トーナメント）
プロの入り口となる大会。

各カテゴリーの獲得ポイント一覧

	W	F	SF	QF	R16	R32	R64	R128	Q
Grand Slam	2000	1200	720	360	180	90	45	10	25
Barclays ATP World Tour Finals	1500								
ATP World Tour Masters 1000	1000	600	360	180	90	45	10		25
ATP World Tour 500	500	300	180	90	45	(20)			20
ATP World Tour 250	250	150	90	45	20	(10)			12

出典：『テニスマガジン』より

図表15▶男子ツアーの仕組み

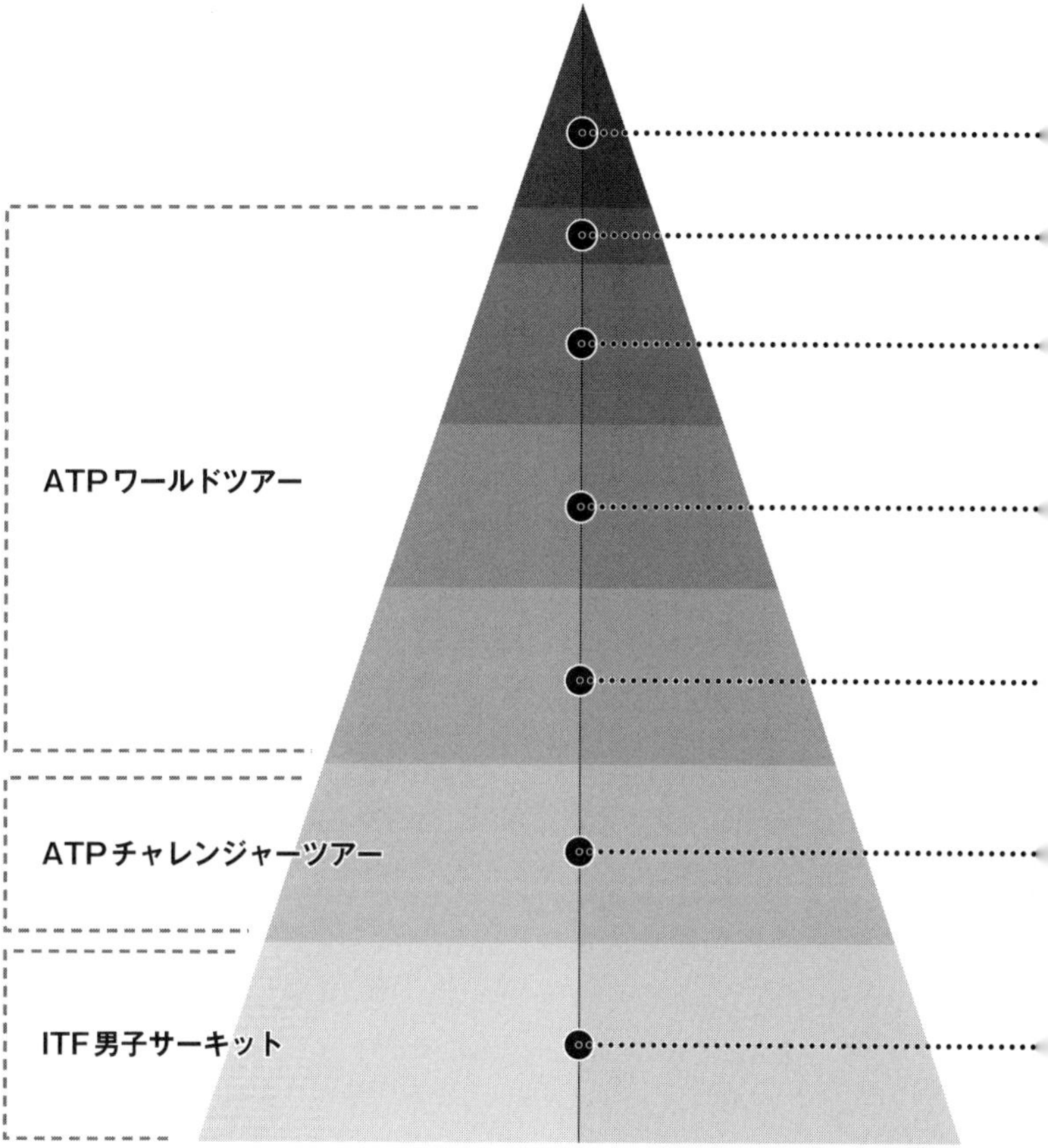

ランキングシステム

ATPツアー・ランキングの算出方法は、出場した大会で獲得したポイントに、過去52週、1年間をさかのぼって、獲得ポイントの多い上位18大会の合計で順位が決定される。獲得ポイントが最も多いのはグランドスラムと呼ばれる四大大会である。さらにATPツアーの各大会は、大会グレードの名称となっている「1000」「500」「250」に分けられており、この数字は優勝獲得ポイントを表わしている。また、これとは別に毎年シーズン開始から1年間で争われるATPレースがあり、これは出場した大会ごとにポイントが加算されるシステムになっており、上位8名によってシーズン最終戦、ワールドツアー・ファイナルズが開催されることになっている。

もちろん、最大のポイントを稼ぐことができ、2週間にわたって繰り広げられる四大大会では、第1週目の試合を短時間でケリをつけることが不可欠である。その意味で錦織の最大の課題は、サーブ力のより一層の改善であることはいうまでもない。

錦織が初めて準々決勝に進出した2012年の全豪オープン以降、2015年の全豪オープンまでに本戦に出場したグランドスラムの大会数は12。しかし、彼の最高成績は2014年全米オープンで決勝に進出するまでは、2012年の全豪オープンのベスト8が最高の成績であった。

しかも彼は、12回出場したグランドスラムで4度の4回戦敗退（ベスト16）を経験している。2013年の全仏オープンと2014年の全豪オープンはナダルに敗れ、2014年のウィンブルドンではラオニッチに敗れている。2013年の全豪オープン4回戦の黒星は、当時世界ランク5位のフェレールに敗れたものだった。

しかし、第8シード以内であれば、4回戦までにトップ8の選手に当たる事態は避けられる。今季の開幕戦となったブリスベン国際の準決勝で、錦織はラオニッチに敗れたが、その宿敵も錦織が現状のランクを維持している限り、四大大会で4回戦以前であたることはない。

実際、錦織も2015年シーズン開幕前に「シーズンを通してこの位置をキープすることが今年の目標」と語るほど、トップ8から滑り落ちないことが重要なのだ。スポーツだけでなく、ビジネスにおいても、弱肉強食の競争社会で勝ち残るには、なんとしても「体」の整備と強靱な体力を身につけることが最優先で求められる。もちろん、食事や睡眠に細心の注意を払い、日々ベストな体調で完全燃焼することを目指さなければならない。

知識よりも技を磨くことに時間を費やせ

「体」が互角なら、次に「技」の優劣が試される。多くのアスリートが練習のほとんどを技術の鍛練に費やすのはそのためである。

たとえば、チャンコーチは厳しいトレーニングだけでなく、錦織に繰り返し同じメッセージを語りかけた。「自分を信じろ！」や、「勝っていても気を抜いてはいけない」といった言葉は何度言われたかわからないと錦織は語っている。

特に錦織にとっての金字塔となった2014年全米オープンの準決勝で、世界ナンバー1のジョコビッチとの対戦直前には「絶対勝てる！」というメッセージを5回は語りかけられたという。それが勝利の一因であったことはいうまでもない。ポジティブなメッセージが後押しして、錦織の技を究極レベルまで高めたことは論を俟《ま》たない。

あなたがテレビの情報番組のコメンテーターでもない限り、もはや知識はあなたの夢を叶えることに貢献してくれない。

20世紀でもてはやされたはずの知識人は、21世紀ではただの蘊蓄《うんちく》を傾けるだけの使い物にならない人間になりつつある。これからは、ひたすら技を究めることが求められる。

1世紀以上前に生きた著名なコラムニスト、アンブローズ・ビアスは、すでに当時こんな言葉を残している。

「博学、それは学問に励む人間が陥る一種の〝無知〟である」

20世紀と違い、もはや世界中から莫大な量の情報が無償で手に入る21世紀では、知識の価値は下がり続けている。以下の5つの質問に答えて、「はい」なら（　）に○を記入してみよう。

（　）資格を取ることに多くの時間を費やしている
（　）博学ではあるが、これという誇れる得意技はない
（　）組織の中でどんな部署でも無難にこなせる自信がある
（　）学生時代の学業成績は優秀だった
（　）自分の欠点を補う努力を続けている

残念ながら、○の数が多いほど、あなたの夢の実現には黄色信号が灯《とも》っている。特に3つ以上○をつけた人は要注意である。もちろん、私は知識の習得が無駄であるといっているのではない。

多くの人々が憧れる花形の職業であるパイロットや医者になるには、膨大な専門知識が不可欠である。しかし、単なる博学ではなく、その職業に関する知識を深く掘り下げる姿勢がなければ、その知識はまったく役に立たない。

しかも、飛行機に関する膨大な知識があっても、飛行機を操縦するスキルなくして優秀

なパイロットにはなり得ない。あるいは、膨大な医学的知識があっても、手術数の多さを誇れるようになって初めて、一流の外科医の仲間入りができるようになる。

この成熟した社会でも、相変わらず卓越した技を保持している人たちは引っ張りだこである。理論ではなく、実践を積み重ねて「技」をマスターすることによって、初めてその分野の一流として認められる。

本田や錦織が一流の仲間入りをしたのは、他の人間が真似のできないほど高いレベルのスキルを血の滲むような鍛練を通して築き上げたから。それは知識と対極にあるもの。

知識は、あくまでも自分が得意な専門領域の選択のためのツールでしかないと考えたほうがよい。錦織はテニスでしか評価されていない。あるいは、本田からサッカーを取り上げたら、私たちと同じどこにでもいる普通の人間なのだ。

結局、錦織や本田のような実践において技を究めることに人生の多くの時間を注ぎ込んだ人間だけが、一流人の仲間入りをすることができるようになる。

常に自信を持って事にのぞめるか？

それでは技を身につける原動力は何だろう？　2014年の雑誌のインタビューで本田はこう語っている。

「プレッシャーがかかった状況で行動する。結果、失敗もあるけど成功もする。そのギブ・アンド・テイク、ハイリスク・ハイリターンみたいな喜びを知ってから味をしめた。ビビる必要はないな、と。中学生か、小学生の時期になんとなく性格の一部が身についたと思います」※⑮

自信を持つことこそ、私たちを一流に導いてくれる大きな要素である。自信は文字どおり、「自分を信じること」である。紀元前300年より前に哲学者アリストテレスは、「私たちは秩序だった世界に住んでおり、発生することとすべてに理由がある」と主張した。それは現在も真実である。

「原因と結果の法則」をあなたは理解しているだろうか？　この法則はいたって単純である。あなたは「重力」のことも知っているだろう。重力は常に安定しており、あらゆる物質にかかる安定した力である。

それと同じように、私たちの身の上に起こったことでよいことがあれば、そのよいことが起こった原因を探り、それを再び実行すれば再びよいことが起こる。反対に、よくないことが起こったら、それが起こった原因を探り、それを除去すればもはやよくないことは起こらない。

重力と同じように、結果は中立であり、それは誰にも分け隔てなく発生するもの。本田や錦織にも、私たちと同じようによいことだけでなく悪いことも起こる。ただ、私たちはこの二人のアスリートほどこの法則を活用していない。

これは私の推測にすぎないが、たぶん多くの人々は、本田や錦織以上に結果に過剰反応して感情的になる傾向がある。つまり、よいことが起これば浮かれ、よくないことが起これば塞ぎ込む。しかし、彼らはよいこともよくないことも依怙贔屓《えこひいき》しない。それどころか、身の上に起こったよくないことを歓迎して、それをバネにして飛躍していく。

一方、私たちはちょっとしたよくないことが起こっただけでそれに過剰反応して塞ぎ込み、そこに潜んでいる新たな飛躍のヒントに気づかない。結局、行動を躊躇して飛躍のチャンスを逃してしまう。

確かにビジネス界よりもスポーツ界のほうが単純明快である。彼らはテニスやサッカーだけにテーマを絞り込み、目の前のゲームに勝利することに照準を合わせることだけ考えていればよい。

だけど、ビジネスではそうはいかない。もしもあなたがビジネスパーソンなら、さまざまな雑用やミーティングが、あなたの肝心の最重要の業務を阻害することもあるだろう。ときには上司から指示されたやりたくない雑用も、拒否することができないかもしれない。

しかし、その気になれば、集中力を高めてそれらをコンパクトな時間に圧縮し、肝心の最重要の作業の時間をたっぷり確保することができる。

高名なビジネスコンサルタントのブライアン・トレーシーは、こう語っている。

「目標を設定し、分類し、最高の目的、重要で明確な目的を見きわめることは、卓越した人間になるための出発点だ」

あなたの分野で、あなたの自信の量は錦織や本田と同じでなければならない。彼らはおどおどと自信なさそうに目の前の作業に取り組んでいるだろうか？　答えは、「ノー」である。

あるいは、彼らはいやいや目の前の仕事を行なっているだろうか？　これも答えは「ノー」。

本田や錦織のように、自信満々の表情と態度を表わしながら、仕事にのめり込む。これこそ大切な仕事に取り組むときの心構えである。

最高の心理状態「ゾーン」を引き寄せる

もし「体」と「技」が互角なら、最終的に勝敗を隔てるのは「心」である。接戦で勝利するのは、常に「心」の強いアスリートのほう。錦織が他のプレーヤーから恐れられているのは、どんな状況でもあきらめない粘り強さにある。

一流のアスリートと並のアスリートの違いは、「体」や「技」よりもむし

ろ「心」にある。一流のアスリートほど現在に意識を置いている。

たとえマッチポイントを取ろうが、逆にマッチポイントを取られようが、錦織は過去や未来を一切捨てて、目の前の一瞬だけに意識を置いている。

チャンコーチも錦織に「スコアじゃない。すべてのポイントに意味がある」という言葉を繰り返し投げかけている。終わってしまった落としたポイントを後悔している暇はない。あるいは、相手のミスによって獲得したポイントに浮かれている暇もない。すぐに気持ちを切り替えて、これから始まるポイントに意識のすべてを傾注する。テニスというのは、その能力を競うゲームなのである。

心について考えるとき、最高の心理状態である「ゾーン」について語らなければならない。「ゾーン」は一流のアスリートに頻繁に訪れる最高の心理状態のことをいう。「ゾーン」に関する研究においても、多くのアスリートが「現在に驚くほどのめり込んでいて、ゲームの内容をほとんど何も覚えていない」と告白している。

残念ながら、いくら才能に恵まれていても、この感覚に無頓着なアスリートは決して一流にはなれない。もちろん、このスキルは一握りのアスリートの特権ではない。その気になれば、私たちもその感覚を手に入れることができる。

錦織におけるゾーンの瞬間は、2014年の全米オープン準決勝で間違いないだろう。この試合で錦織が世界ランク1位のジョコビッチに勝利した事実は、日本のスポーツ界の歴史の中にきっちりと刻み込まれることだろう。もちろん、これまでの錦織のテニスキャリアにおける最高のゲームであることは論を俟たない。

実は試合の前日、明らかにジョコビッチは弱気な発言が目立った。ビビッているという関係者の声も聞こえてきたという。

一方、錦織サイドも対策を怠らなかった。直前に突然練習コートを変更して、ジョコビッチ陣営だけでなく報道陣を煙に巻いた。4回戦の対ラオニッチ戦や準々決勝の対ワウリンカ戦で共に第1セットを取られた反省もあり、錦織は第1セットからギアを上げてジョコビッチのサービスゲームを2度ブレイクして、6－4で最初のセットを奪い取る。第2セットを簡単に落としたものの、第3セットは一進一退の展開で、勝負はタイブレイクにもつれ込む。

このセットが勝敗の分かれ目になった。4回戦と準々決勝ではどちらもファイナルセットにもつれる接戦になり、錦織の身体は悲鳴をあげていた。それにもかかわらず、第3

セットは軽やかな動きで世界ナンバー1プレーヤーと互角に戦い、タイブレイクにもつれ込んだこのセットを奪い取った。

第4セット最初のゲームでジョコビッチのサービスゲームをブレイクして、そのまま試合は5－3の錦織リードで第9ゲーム。リターンゲームでマッチポイントをつかんで長いラリーが続く。ジョコビッチのフォアのストロークがアウトして勝利をつかんだ瞬間、錦織はラケットから手を離して両手でガッツポーズをして喜びを表現した。

「厳しいコンディションだった。僕はどうも長い試合が好きみたい」

試合後のオンコート・インタビューで、錦織は少しジョークを交えて決勝進出の喜びをこう表現した。この試合を振り返って錦織はこう語っている。

「(フルセットが2試合も続いたあとなのに)何でこんなに動けるのかなって、ちょっとおかしいんじゃないかと思うくらい。もちろん疲れを感じていないわけではないけれど、それでもちゃんと動けている。かえって彼(ジョコ

ピッチ）のほうが疲れているように見えた」※⑰

この言葉からも、1回戦から何時間にもわたる試合の連続だったのに、世界ナンバー1プレーヤーを翻弄した錦織には、ゾーンが訪れていたことがうかがえる。ゾーン研究で有名なスポーツ心理学者、チャールズ・ガーフィールド博士はこう語っている。

「（ゾーンとは）有頂天のような状態である。しかし、あたかも自分と外界の間にいつもある障害が取り除かれるように、自分のまわりと内部のあらゆるものにすっかり触れている感じがし、自分自身および自分が相互に作用する身体の世界に完全に一体になっている。それは不思議な感覚であり、さわやかで、喜びに満ち、日常の世界よりさらに現実的で、深くまで入り込んでいる感じであり、スポーツに打ち込んだあらゆる努力に何度も繰り返し報いる経験である」

身体を意識的に動かすという感覚は消え去り、潜在意識が100％自分の身体をコント

図表16▶「ゾーン」発見用紙

あなたの「ゾーン」を見つけよう

あなたの成功体験を振り返ろう

成功体験	時間帯	場　所

ここがあなたの「ゾーン」

ロールしている感覚が「ゾーン」の正体である。まさにこの全米オープンの準決勝が錦織にとっての「ゾーン」だったのである。

潜在意識に自分の理想的なシーンを繰り返し描き続けることにより、突然そのアスリートに「ゾーン」が訪れる。

図表16は「ゾーン発見用紙」である。あなたの成功体験を振り返ろう。そしてそれを具体的

に記述しよう。もちろん、それが起こった時間帯や場所もできるだけ詳細に記入しよう。それだけでなく、その感覚を頻繁に思い浮かべよう。そうすれば、あなたの身の上にゾーンが起こる頻度は確実に高くなる。

たとえば、アルペンスキーの金メダリスト、ジュリア・マンキューソは9歳のときに自分が冬季オリンピックで金メダルを獲得しているシーンを絵に描いた。それだけでなく、彼女は毎日その絵を見る習慣を欠かさなかった。もちろん、彼女が日々猛練習に明け暮れたことはいうまでもない。

そして、その絵を描いてから12年後の２００６年のトリノ冬季オリンピックのスキー大回転で、彼女はみごとに金メダルを獲得した。

潜在意識に最高の自分を画像として繰り返し入力し続けながら、血の滲むような努力を繰り返そう。そうすれば、あなたは錦織のように突然、凄いことをやってのける自分に巡り会える。

【コメント引用文献】
①『考える人』2011年春号（新潮社）
②雑誌『Number』2009年12月24日号（文藝春秋社）
③『SAMURAI SOCCER KING』2012年10月号（朝日新聞出版）
④『Asahi Shinbun Weekly AERA』2014.12.29－2015.1.5（朝日新聞社）
⑤『錦織圭　15－0』（実業之日本社）
⑥雑誌『テニスマガジン』USオープン特集号（ベースボール・マガジン社）
⑦『実現の条件　本田圭佑のルーツとは』（東邦出版）
⑧『フットボールサミット　第8回　本田圭佑という哲学』（カンゼン）
⑨『週刊プレイボーイ』2010.4.10号（集英社）
⑩『Asahi Shinbun Weekly AERA』2013.5.6－13号（朝日新聞出版）
⑪『週刊プレイボーイ』2010・4・26号（集英社）
⑫雑誌『Number』2014年7月17日号（文藝春秋社）
⑬雑誌『Sportiva』2014年8月10日臨時増刊号（集英社）
⑭雑誌『Number』2010年9月2日号（文藝春秋社）
⑮『Asahi Shinbun Weekly AERA』2014.1.20（朝日新聞社）
⑯雑誌『Number』2015年1月22日号（文藝春秋社）
⑰雑誌『テニスクラシック』2014年9月臨時増刊号（日本文化出版社）
⑱雑誌『サッカーマガジン』2009.10.13号（ベースボール・マガジン社）
⑲雑誌『Number』2012年11月8日号（文藝春秋社）
⑳雑誌『Number』2013年1月10日号（文藝春秋社）
㉑雑誌『Number』2012年7月5日号（文藝春秋社）
㉒雑誌『Number』2011年8月4日号（文藝春秋社）

【参考文献】
- 『その他大勢から抜け出す成功法則』ジョン・C・マクスウェル著（三笠書房）
- 『フットボールサミット　第8回　本田圭佑という哲学』（カンゼン）
- 『実現の条件　本田圭佑のルーツとは』本郷陽一著（東邦出版）
- 『究極の鍛錬』ジョフ・コルヴァン著（サンマーク出版）
- 『仕事と幸福、そして、人生について』ジョシュア・ハルバースタム著（ディスカヴァー・トゥエンティワン）
- 『働くみんなのモティベーション論』金井壽宏著（ＮＴＴ出版）
- 『錦織圭　フィフティーン・ラブ』神仁司著（実業之日本社）
- 『最善主義者が道を拓く』タル・ベン・シャハー著（幸福の科学出版）
- 『スタンフォードの自分を変える教室』ケリー・マクゴニガル著（大和書房）
- 『ピークパフォーマンス』チャールズ・A・ガーフィールド、ハル・ジーナ・ベネット共著（ベースボール・マガジン社）
- 『夢をつかむイチロー262のメッセージ』（ぴあ）
- 『日本人のテニスは25歳過ぎから一番強くなる』坂井利彰著（東邦出版）
- 雑誌『Number』（文藝春秋社）
- 雑誌『テニスクラシック』（日本文化出版社）
- 雑誌『テニスマガジン』（ベースボール・マガジン社）
- 錦織圭 ―― Wikipedia
- 本田圭佑 ―― Wikipedia

【著者紹介】

児玉 光雄（こだま・みつお）

1947年兵庫県生まれ。追手門学院大学客員教授。前鹿屋体育大学教授。
京都大学工学部卒業。学生時代テニスプレーヤーとして活躍し、全日本選手権にも出場。カリフォルニア大学ロサンゼルス校（ＵＣＬＡ）大学院に学び工学修士号を取得。米国オリンピック委員会スポーツ科学部門本部の客員研究員としてオリンピック選手のデータ分析に従事。過去20年以上にわたり臨床スポーツ心理学者としてプロスポーツ選手のメンタルカウンセラーを務める。元プロテニスコーチとして、錦織圭選手のゲームデータに精通している錦織マニアでもある。また、日本でも数少ないプロスポーツ選手・スポーツ指導者のコメント心理分析のエキスパートとして知られ、これらのテーマで、トヨタ、京セラ、東芝、ＮＴＴ、三井住友銀行などの大手上場企業を中心に年間70～80回のペースで講演活動をしている。日本スポーツ心理学会会員、日本体育学会会員。
主な著書は、ベストセラーになった『イチロー思考』（東邦出版）をはじめ、『マンガでわかるメンタルトレーニング』、『上達の技術』（いずれもサイエンス・アイ新書）、『実は180度違う一流テニス選手の思考』（東邦出版）、『児玉光雄のスポーツの急速上達を身につける本』（ベースボール・マガジン社）など、翻訳本や監修も含めると200冊以上にのぼる。

Kのロジック

錦織圭と本田圭佑――世界で勝てる人の共通思考

2015年7月8日　第1版第1刷発行

著　　者　児玉光雄
発 行 者　小林成彦
発 行 所　株式会社ＰＨＰ研究所
東京本部　〒102-8331 千代田区一番町21
ビジネス出版部　☎03-3239-6274（編集）
普及一部　☎03-3239-6233（販売）
京都本部　〒601-8411 京都市南区西九条北ノ内町11
PHP INTERFACE　http://www.php.co.jp/

組　　版　有限会社データ・クリップ
印 刷 所　図書印刷株式会社
製 本 所　株式会社大進堂

ISBN978-4-569-82492-5